À MON FRÈRE QUI N'EST PAS MORT

DU MÊME AUTEUR

LA COULEUR DES FEMMES, Grasset, 2002.

JE VOUS HAIS TOUS AVEC DOUCEUR, Grasset, 2000.

POUR L'HONNEUR, Grasset, 1997.

MA LIBERTÉ, Plon, 1995.

PLACE DE LA RÉPUBLIQUE, Laffont, 1992.

ADRESSE AU PRÉSIDENT DES RÉPUBLIQUES FRANÇAISES, Quai Voltaire, 1991.

PENDANT LA CRISE LE SPECTACLE CONTINUE, Belfond, 1989.

CULTURE : LES CHEMINS DE PRINTEMPS, Albin Michel, 1988.

A MOTS DÉCOUVERTS : CONVERSATIONS, Grasset, 1987.

FRANÇOIS LÉOTARD

À MON FRÈRE QUI N'EST PAS MORT

BERNARD GRASSET
PARIS

À Claude Lelouch.

« Il y a très longtemps, je dis à mon frère : je sens que j'ai froid ; il me dit : c'est qu'il y a un petit nuage entre le soleil et toi ; je lui dis : est-ce possible que ce petit nuage me fasse geler alors que tout autour de moi, les gens transpirent et le soleil les brûle ? Mon frère me dit : moi aussi, je gèle. Nous nous sommes donc réchauffés ensemble. »

BERNARD-MARIE KOLTÈS,
Combat de nègre et de chiens
(Les Éditions de Minuit, p. 32).

LIVRES

JLM	Jean-Luc Marty, *Haute Lune*, Bernard Barrault, 1987.
PANR	Philippe Léotard, *Portrait de l'artiste au nez rouge*, Balland-Egée, 1988.
PSSL	Philippe Léotard, *Pas un jour sans une ligne*, Les Belles Lettres, 1992.
CRC	Philippe Léotard, *Clinique de la raison close*, Les Belles Lettres, 1997.

DISQUES

• *A l'amour comme à la guerre* (chansons) – Gorgone productions – 1, place aux Bleuets, 59800 LILLE

• *Je rêve que je dors* – Sony Music Entertainment

• *Philippe Léotard sur scène* (2 CD) – Enregistrements réalisés au Ciné 13 – Philippe Servain

• *Philippe Léotard demi-mots amers* – Produit par Eric Gleizer – Arrangements et réalisation : Philippe Servain – Gorgone productions. www.gorgone.fr

Les médecins sont parfois poètes. Ils ont dit « insuffisance respiratoire ». Et ils sont tombés dans le mille : il ne pouvait plus respirer. Le monde, l'air, étaient trop durs à avaler. Alors il s'est arrêté. C'était un combat ancien, qu'il avait mené depuis longtemps. Avec ses poumons, sa voix, tout ce qui lui permettait de faire entrer en lui les images, les cigarettes, l'alcool, le parfum des filles. Et ce qui lui permettait aussi de raconter. « Il faut choisir entre vivre et raconter », disait Sartre. Il avait refusé de choisir.

Mais était-ce vraiment une « insuffisance » ? N'avait-il pas trop respiré, trop aspiré ? Un goulu, en somme. Qui ne s'attend pas à ce que la vie se dérobe, comme ça, sous ses pas. Un peu comme le pont d'un bateau quand la mer est grosse. Ou bien le plancher d'un pub irlandais si jamais la nuit a commencé depuis trop longtemps.

Et si c'était le monde qui était insuffisant? Pas à la hauteur? Un monde de « basse altitude [1] » qui empêche de monter bien loin. Le plafond est bas, comme disent les aviateurs lorsqu'ils n'ont pas le moral.

« Echapper est mon obsession. Je suis capable d'efforts surhumains pour ne rien faire [1]. » Mermoz pour boîtes de nuit, penseront certains. Je les laisse confondus avec leur bêtise. Mais la voix de Philippe reste en nous. Une voix qui a « une allure de râpe et de scie [2] ».

J'écris ici parce que cette voix ne s'est pas calmée. J'écris certainement comme un frère, ce qui doit être un genre particulier d'écriture. Un genre nouveau. Jamais inventé. A mi-chemin entre l'amour et la tristesse, entre le roman et la berceuse de l'enfant qui ne veut pas dormir.

« Faudrait pas que c'est fini.
« Faudrait pas que je suis grand,
« Faudrait que j'ai resté petit [2]. »

J'aurais bien voulu qu'on reste petits. Tous. Toute la famille. Lui, il avait inversé sa vie. Il avait commencé comme un grand et vers la fin, il avait écrit simplement, avec son doigt sur le sable : « J'ai mis tant de temps à devenir enfant [1]. »

1. CRC, p. 60, 135.
2. PJSL, p. 23, 87.

Tu étais un drôle de type. Un farceur, un dragueur. Je reste encore étonné par ta façon de traverser ta jeunesse. Notre père qui maintenant est aux cieux te regardait comme venu d'un autre monde. Nous l'avons toujours vu austère, distant. Il portait un costume, une cravate, des gants parfois qui rappelaient son inscription dans l'ordre de la lourdeur officielle. Finesse de l'esprit, sans aucun doute. Préciosité parfois. Un brin d'érudition pour ce qui concernait Stendhal et Proust. Mais surtout une forme romaine d'autorité dont tu semblais à peu près le seul à être exonéré. Tu t'échappais, beau et rieur. Musique, danse, citations de Bergman, westerns, rébellion politique, tout était bon pour que tu prennes le large.

Je n'en reviens pas. Moi, je me faisais toujours prendre : l'algèbre m'était incompréhensible, l'allemand impénétrable, le reste à l'avenant. J'avais les pattes dans la glu. On ne peut pas dire que j'étais un bon élève. Toi non plus mais personne ne le remarquait. Tu n'as jamais été laborieux dans l'acquisition des connaissances. Elles venaient sur toi comme à la surface des vases grecs, ces déesses qui ont des figures d'oiseaux. D'ailleurs, ton symbole c'était la chouette. C'était pour te donner une contenance. L'oiseau de nuit te plaisait mais ta sagesse était insolente, plus légère.

« Je suis Vierge, ascendant perdu.
« Pour toujours on m'a mis
« en catégorie :
« émotif, non actif, primaire
« E N A P
« c'est tout dire de mon caractère,
« par ailleurs sale, aux yeux des uns,
« mais surtout des autres [1]. »

A Fréjus, il y avait la plage sur laquelle, pendant longtemps, tu as régné. Dans ma mémoire, cette plage des années cinquante est encore à peu près déserte. C'est un espace de volupté. Notre peau était plus méditerranéenne que la mer. Elle brunissait au fil de *l'été, le sable s'accrochait aux cheveux, nos sexes étaient salés et les filles s'allongeaient comme des royaumes.*

Maintenant je pense à Camus dont nous aimions l'univers solaire et juste. Sans le vouloir nous refaisions tous les sujets du bac avant même que l'épreuve nous soit infligée. Fallait-il préférer sa mère à la justice ? La révolte était-elle l'essence même de l'homme ? Le mythe de Sisyphe nous semblait un peu obscur. Il y avait des événements auxquels on s'accrochait comme à des ronces. Et nous avions le choix : 54, Diên Biên Phu ; 56, la révolte hongroise et son écrasement ; l'expédition de Suez ; 58 : le général de Gaulle. Et l'Algérie encore et toujours.

Je me souviens que nous avons pleuré, nous les trois garçons, lorsque Diên Biên Phu est tombé. Papa achetait L'Aurore *à cette époque. Ce n'était pas vraiment un journal de gauche... On savait que les collines portaient des noms de femmes. Et j'aimais Béatrice plus que toutes les autres. C'était le prénom d'une guerre lointaine dont nous ignorions la sauvagerie. Les héros qui nous étaient nécessaires existaient vraiment : légionnaires, parachutistes, infirmiers, pilotes... ils étaient les Du Guesclin et les Bayard de notre adolescence.*

A cette époque, je t'aurais bien vu en jeune capitaine de cavalerie portant au loin la gloire de notre nom. Lawrence d'Arabie ou Bournazel auraient aussi fait l'affaire. Car tu étais le chef naturel de ces trois jeunes mâles qui rêvaient leur vie dans l'indolence de l'été.

---

1. PANR, p. 158.

Il prenait ses désirs pour des réalités. Et il avait raison : c'étaient d'exceptionnelles réalités.

Et puis parfois il faut prendre la réalité pour un désir. Ça permet de continuer. De faire semblant. On croit que le monde existe vraiment. Et surtout les jeunes filles. On fait d'elles le bout du monde, un Finistère. On pourrait dire un commencement aussi, celui de l'Océan. Et puis on s'aperçoit qu'elles ne sont plus là. « Elles écoutent que leurs boucles d'oreilles [1]. »

Et pourtant... Si les femmes savaient avec quel désespoir il les a aimées, lui qui écrivait : « l'instant est comme un cœur ivre de jeune fille [1] ».

Si les hommes savaient avec quelle éloquence il pouvait se taire ou pleurer... Mais Philippe lui ne savait pas. Il n'a pas construit le monde avec des si. Il ne l'a pas rêvé autrement qu'il n'était. C'est lui qui était autrement.

Dans le « je est un autre », il tenait les deux bouts : le je et l'autre. Né acteur. Comme on naît petit ou grand, blanc ou noir, oiseau ou lion. Et, pour lui, toujours les deux à la fois.

Prendre ses désirs pour des réalités... c'était une façon de survivre. Avec la fête des mots. Et la tristesse ensuite. Son premier désir c'était lui : une réalité mouvante, incertaine, chargée de contradictions comme un galion espagnol, peuplée de rêves et de chansons. Peu d'écrivains hésitent à se raconter. Normal puisque leurs livres, tous leurs livres, c'est leur peau, leur voix, leur détresse. Philippe se racontait, s'imaginait : légionnaire (il n'avait pas fait son service militaire), loubard de banlieue (lui, l'aristocrate), policier (il n'aimait que les gendarmes...).

C'est dans ce jeu permanent entre lui et lui, entre deux mondes mythiques qui ne s'ouvraient jamais l'un sur l'autre, c'est dans ce miroir que Philippe a gagné puis perdu la vie. S'il me lisait aujourd'hui il dirait, comme Cocteau, « les miroirs feraient bien de réfléchir »... Car le verbe, le jeu du mot, est resté pendant toute la durée de sa vie le moyen d'éclairer quelques-unes des zones d'ombre qui nous habitent. C'était un jeu d'enfant qui consistait, avec une petite glace, à éblouir les regards étonnés.

Je suis parti à la recherche de celui qui tient ce bout de verre brisé.

1. Chanson.

L'automne est là maintenant. Je continue à t'écrire parce que tu continues à mourir. J'ai décidé de faire comme toi. Et de commencer par l'impudeur. Un comédien est impudique et tu l'étais. Il te fallait sortir de toi, exagérer, dévaster le droit commun, la bienséance, ouvrir tes plaies pour que chacun s'y reconnaisse.

Aujourd'hui, j'ai une question à te poser : combien de temps ça dure la mort ? Peut-être trouves-tu le temps long dans la cendre où tu t'es réduit ?... Alors je vais te raconter le monde qui, de façon de plus en plus bête, continue à s'étirer, à partir dans tous les sens, à se rétrécir aussi, à ne plus ressembler à rien. Tu ne perds pas grand-chose, tu sais. Les guerres sont là : intactes. La misère aussi. Et les femmes sont de plus en plus belles, ce qui rend la vie impossible. Elles s'éloignent de nous puisque nous vieillissons. Mais ça ne fait rien, il faut conti-

nuer à les regarder, à voir les lignes qu'elles tracent dans l'air en marchant, les courbes de fleuves et de vêtements qu'elles font flotter derrière elles, le mouvement des cheveux. J'ai décidé de les aimer à ta place. Je deviens assez vilain mais on ne sait jamais...

Je t'ai dit que c'était l'automne. Derrière la vitre du train qui me ramène en Provence (un pays, en fait, que l'on ne quitte que par erreur) les vignes sont d'un blond vénitien. Mais nous sommes loin de Venise et la terre ici est rouge. Un rouge un peu plus terne, moins brillant que celui qu'au milieu du visage, sur ton nez, tu avais installé. « Y a des fois j'en crois pas mon tarbouif[1]*. »*

Fanal, signal, phare, frontière du port et de la mer, il indique l'entrée du rire et des larmes, ce clapotis envahissant. Sous les poches de tes yeux, triste et désemparée, se lève l'espèce humaine.

J'ai d'ailleurs envie de te dire ça : « espèce d'humain »... C'est comme une bourrade. Ou bien une façon de reprendre le ballon, tu te souviens, quand on jouait au foot, dans le bois de Vincennes et que les marronniers se disputaient l'ombre du soir.

C'est vrai ça : nos corps se sont tellement cognés que, marchant dans la rue, j'attends ton poing dans les côtes, ton pied dans les tibias, ton rire quand tu disais que je ressemblais à un Arabe.

Tu vois, je m'adresse à toi pour te faire parler. Pour entendre aujourd'hui sur mon corps les coups doucement répétés des mots perdus.

1. CRC, p. 24.

« Ce que je dis est toujours aussi un peu une incitation à l'effraction [1]. »

Il n'a donné à personne le droit de commettre cette effraction dans sa vie. Mais je l'ai pris, ce droit-là. Le droit du frère cadet. Je l'ai inventé. Plutôt une infraction. J'en avais assez du droit d'aînesse. Il est vrai que c'était aussi un peu la mienne cette vie, mais si peu. Le sang d'un frère c'est comme une ecchymose. Bleu à la surface. C'est en dessous que ça se passe. Plus profond. L'amour on le découvre avec le temps. C'est toujours une histoire un peu longue.

L'incitation à l'effraction, on n'y cède pas rapidement. On n'a pas trop envie. Faire le cambrioleur, entrer dans ces multiples chambres, c'est une aventure. Les portes de l'enfance sont les premières. Forcément. On croit que ce sont les plus faciles à ouvrir et l'on s'aperçoit qu'elles sont mystérieusement rétives.

Fermées de l'intérieur. On pousse un peu et il y a comme une résistance insolite, molle. Alors on prend les souvenirs comme ils sont : toujours à côté du réel, décalés.

Comment se souvenir de ce qui fut la vie même : odeurs de plages et de soleils, brûlures des mots, vitesse du temps, jours bleus et lauriers roses ? Une série de passages, en fait. On se glisse, on s'écorche, on s'accroche, on oublie le temps qui lui-même vous oublie. C'est une fuite et nous avons fui ensemble : Philippe et ses jeunes filles, Philippe et nous, Philippe et ses mots d'aventure et de dérisions.

« Quand on choisit de s'enfuir, il faut trouver du plaisir à la fuite [1]. »

On peut songer à Rimbaud, à ses « Aubes navrantes ». (Philippe : « l'horreur de l'aurore [1] ».) On peut dire qu'il n'y a rien de pire comme exemple pour la jeunesse. Qu'il ne faut pas exagérer. Que Philippe c'est un auteur mineur. Oui, justement : mineur. Mais il savait, autant que le jeune homme de Charleville, que la jeunesse ne prend pas de majuscule. C'est trop lourd à porter. Il n'y a que des enfants avec des yeux effarés.

Philippe a eu vingt ans. Avoir vingt ans en 1960, c'est déjà un roman. *Avoir vingt ans dans les Aurès*[2], c'est un film qu'il jouera beaucoup plus tard, avec la violence de la lumière, avec la terre d'Algérie qui fut pour nous la preuve évidente que la guerre ne s'arrêterait jamais. Génération issue du fumier comme on voit ces fleurs étranges dans les cours des fermes, au milieu des coqs.

Philippe est né en 1940. Comment deviner ce qui allait se passer ? On n'était pas dans l'exode, avec nos charrettes ou nos vélos. Juste en Provence, avec des sœurs si belles qu'elles faisaient comme un sourire dans le silence de l'enfance.

Au nom de nous tous, mais pour lui seul, il disait :

« Un enfant secret garde mon jardin [3]. »

---

1. CRC, p. 87, 94, 136.
2. Film de René Vautier, 1971.
3. Chanson.

J'imagine que tout cela doit te laisser indifférent. Tout cela : le bruit du monde, le silence des pauvres, tous les tumultes de l'argent et de la gloire.

Tiens, par exemple, aujourd'hui c'est Pascal Quignard qui a eu le Goncourt. On pense aux anneaux, dans les manèges, qu'il faut attraper avec une petite lance. Celui qui est juste derrière, sur son éléphant, son cheval, peut-être son tigre, il n'est pas vraiment content. Certainement déçu. Avons-nous tourné ensemble dans des manèges ? Sans doute, mais la mémoire me manque et c'est pourquoi je t'écris. Raconte-moi ce que j'ai oublié. Raconte-moi s'il te plaît notre enfance. Pas comme tu l'as fait aux journalistes. Mais à moi, ton frère, qui suis peut-être passé trop vite à côté de ton rire.

Je ne sais pas si tu aurais aimé Quignard. Bien sûr, il y a le latin. A chaque page une citation. C'est un peu pédant mais tu aurais appré-

cié : « in angulo cum libro ». Dans un coin avec un livre. Vivre dans l'angle du monde, dit Quignard. En fait c'est un certain Monsieur de Pontchâteau qui avait écrit cette phrase. Un peu banale tout de même : « J'ai cherché dans tout l'univers le repos et je ne l'ai trouvé nulle part ailleurs que dans un coin avec un livre. » C'est la seule chose qui te manque aujourd'hui : un livre.

*Et puis il y a Adjani, ces jours-ci. Dans l'*Adolphe *de Benjamin Constant, dans les magazines. La déesse aux yeux pers. Notre Athéna. Mais on ne sait pas très bien de quel bleu il s'agit. J'ai cherché dans le Robert. (Tu te souviens du Robert ? Papa disait cela au cours du déjeuner, dans le salon parfois, au beau milieu d'une dispute, ou bien dans l'éternité d'un dimanche pluvieux : « Va voir dans le dictionnaire... »). Dans le Robert « persus » c'est de couleur jacinthe, bleu foncé. Moi je crois qu'on peut mettre dans le bleu toutes les nuances du rêve et du désir.*

Si je te parle d'Isabelle Adjani c'est que tu aimais passionnément les comédiennes. Elles étaient pour toi une sorte de double raffiné et violent. Elles te résistaient. Pour les besoins du film tu les embrassais. Elles cédaient. C'est peut-être ce dérèglement professionnel qui a eu raison de toi. Dans les bras de qui cache-t-on, dans ton métier, ce désarroi ? Une maîtresse, une épouse, une putain, une mère ? Une femme de rien ? Une duchesse ? Tous ces visages, ces corps caressés dans la lumière des projecteurs, au milieu des passants, dans des décors en carton-pâte, c'est comme une anthologie de l'amour à l'usage des rêveurs.

Mais je te fais confiance : c'est fou ce qui te reste de temps pour rêver.

« Quand on est mort, on redevient tout de suite nomade, éparpillé [1]. »

C'est ce qui s'est passé ce matin-là. Je suis sûr qu'il regarde les regards. (Il avait dit : « je rêve que je dors. ») C'est au Père-Lachaise. Un matin d'été. Il est dans tous les yeux, lui, Philippe. Des yeux de chien battu. On utilise cette expression un peu banale quand on ne sait pas dire autrement pour exprimer la défaite. Quand on est sous le mépris de quelqu'un qui est plus fort que vous... Pourtant ici on a l'habitude.

Cette colline, c'est un endroit qui s'est accoutumé aux tristesses. Ici la mort gagne à tous les coups. Il y a des allées entières de larmes. Je n'ose pas dire des vallées. Mais enfin c'est un peu ça. On n'a jamais bien su comment faire avec les cimetières. Celui-ci est grandiloquent, excessif.

Alors il regarde les regards. Des gens stupéfaits. Des gens que l'on n'avait jamais vus. Des gens cabossés par la vie : des vieilles voitures. Et moi encore plus. Comme si, d'un seul coup, tout ce que j'avais fait ne servait plus à rien. Les honneurs et les cruautés, les mots sans importance, les emphases.

Il y avait Nathalie, Emmanuelle, Clara et d'autres sans doute qui l'avaient aimé. Des prénoms chantés à voix basse, au creux de l'oreille, dans la tiédeur de la nuit.

On devinait qu'il y avait du gâchis dans l'air. Un gaspillage. Non seulement il avait choisi de venir là un peu plus tôt que tout le monde, mais il avait attiré sur lui toute la foudre. Celle que l'on essaie d'éviter lorsqu'il commence à faire lourd, que le ciel a la couleur du plomb et qu'on ne voit plus bien l'horizon.

« Celui qui veut échapper à l'érosion commence par ne pas se faire montagne [1]. » Il s'était fait montagne à sa manière : raviné, les yeux comme des lacs, la peau amère. Et j'ai compris qu'il était aimé. Aimé malgré tout, aimé comme un enfant qui se serait jeté sous un train. « ... tremblant, rampant, inaccessible à moi-même, comme déjà sous terre, empoigné par mes racines [1]... »

Je parlerai, plus tard, des vedettes, de celles et de ceux qui peuplent de vérité, de mensonge aussi, les écrans, qui marchent sur les planches, pleureurs et rieurs de profession. Ceux-là l'ont aimé plus que d'autres. Et ce matin d'août, dans le silence, il y avait les meilleurs. Ils n'avaient pas sur eux des carrières, comme on porte un sac à dos, une publicité à la place d'une chemise, un drapeau. Ils avaient seulement sur le visage la déroute des saltimbanques : celle qui accompagne la mort du clown [2].

La chaleur était inattendue puisqu'il n'était plus là. Mais on a refusé l'évidence bien que nous ayons tous, mes sœurs, mon autre frère, un air un peu délabré. Il y avait la ministre de la Culture, comme une veuve. L'Etat trébuchait légèrement devant le fou du roi. Et puis il y avait surtout la petite foule des gens perdus. Ceux dont on devine la vie à travers le pressentiment qu'ils ont des catastrophes.

Alors il s'est brûlé. Il est allé vers le feu, comme un grand. Et ils ont applaudi. Il avait dit dans une chanson :

« On se jure qu'on se contente de mourir. »

---

1. CRC, p. 99, 117, 93.
2. « Je vois que, lentement, le cadavre se dessine. Je pense à mon nez rouge, et à mes grandes chaussures. » (PJSL, p. 162).

Je continue à te raconter nos histoires. Les drames ça ne s'arrête jamais vraiment. Maman vient de mourir. On pourrait imaginer ce titre : « Le monde sans maman ». Il y aurait un afflux de psychanalystes, le livre disséqué, un vrai manuel... Mais on s'en fout toi et moi. Je veux dire : de la psychanalyse. On va la faire tout seul. Mare Nostrum. Mater nostra. Salve Regina. Elle nous a lavés. Ses caresses étaient des vagues qui étaient plutôt destinées à Papa. On les recevait au passage. Petits larcins de douceur. La chaleur, l'indolence, c'est toujours un vol dans les poches du temps. Nous étions les pickpockets de la mère corse, version de la mère juive en noir et blanc, film muet.

La reine mère avait donné à la France quatre jolies filles, trois garçons solides, une constellation de petits lardons dont on ne connaissait plus toujours les prénoms C'était la génération d'après, celle des petits-enfants qui gran-

dissaient derrière nous avec des tailles vraiment inquiétantes. Mais c'était plutôt toi la référence. Dans la rue on nous disait : « Ah, vous êtes le frère de..., la sœur de... » Eh oui. Avec nos cravates, nos amours et nos façons à peu près normales de marcher, cela semblait étrange cette proximité.

Mais je n'arrive pas à écrire ce titre : « Le monde sans toi ». Parce que j'ai décidé que tu n'étais pas mort. Ce n'était pas une décision très difficile. Tu l'avais écrit à l'avance, tu nous avais prévenus : « Rare que je m'obéisse [1]. »

Nous étions préparés à ces absences bruyantes, Afrique, Chine, Argentine..., que l'on retrouvait ensuite dans tes chansons. Surtout lorsque c'était imaginaire.

Tu n'as jamais dîné avec une jeune garde rouge chez Maxim's à Pékin (« paraît qu'y en a un... »). Mais quelle conversation ! Bien mieux que Malraux racontant ses histoires à Mao Tsé-Toung. Toi, tu la faisais rire, avec sa casquette qu'elle n'avait pas enlevée. Tu lui racontais les histoires de Coluche, dans la version chinoise, parfaitement claire, de tes deux mains mandarines.

Je ne sais pas ce que vous avez fait après, mais c'était bien loin de la mort qui vous *attendait l'un et l'autre. Elle, parmi les innombrables victimes de la révolution culturelle, et toi dans cet acharnement de désirs et de larmes qui caractérise l'homme d'Occident dans sa solitude.*

Et j'en suis sûr : tu as gardé dans ta mémoire une odeur de canard laqué, de porc au gingembre, la rudesse d'une veste de toile boutonnée jusqu'au cou, dont le tissu indocile a résisté à ta vigueur. Et puis surtout : l'infinie douceur de l'Asie sur la peau de cette jeune femme imaginaire.

1. CRC, p. 67.

Il aimait la nuit. La nuit l'aidait à vivre. Elle venait sur lui, il la pénétrait. C'était sa vraie compagne. Lorsqu'elle s'approchait, il tendait les bras, s'accoutumait à elle avec des alcools, recommençait à jouer après l'entracte du matin, après ses blessures. Un jour il m'avait dit, comme pour me prévenir : « Qui va à sa perte, sa perte l'accueille. » J'avais retrouvé cette phrase, ensuite, longtemps après, dans un de ses livres. Je la prenais pour moi comme il devait la prendre pour lui. Mes nuits étaient celles de tout le monde. Les siennes lui appartenaient en propre.

Les banquiers, les gens installés, les épiciers, les notaires, moi certainement, nous faisions de nos nuits des moments d'absence, des parenthèses. La fatigue, les soucis, c'est ce qu'il y a de plus désespérant dans la clarté du jour. On parle, on agit, et on croit que la vie est là, à portée de la main. Sa vie à lui s'échappait au moment de l'aube. Alors il était un peu plus cassé encore. Il savait qu'il fallait attendre, comme dans une gare, un aéroport, sur un quai déserté par les bateaux, le prochain voyage qui l'emmènerait un peu plus loin.

« Mes longues années de vie nocturne pourraient aussi s'expliquer comme ça : reculer le moment pire : le petit déjeuner [1]. » Ce moment qu'il avait appelé bien plus tard, parodiant Homère, « l'aurore aux doigts de ronce ».

C'est à la fin d'une nuit qu'il a rencontré Emmanuelle, jeune fille descendue de sa chambre dans une maison peuplée de dormeurs. Il savait que dans la nuit, il y a toujours quelqu'un qui vient. C'est d'ailleurs la nuit qui l'a emporté. Comme un cadeau inespéré, « au péage du soir [2] ».

Il entrait dans l'obscurité comme on entre en scène. Tout était dans les décors, les accessoires, les personnages, la lumière tamisée.

A sa femme qui l'attendait pour un dîner avec des amis, Antoine Blondin, arrivé avec l'aube, n'avait inventé qu'une seule excuse : « Je n'ai pas trouvé un seul bar... fermé. »

La nuit, c'était le plus beau de ses trous de mémoire. Les paroles s'en allaient vers le haut, avec la fumée des cigarettes. Les filles riaient. Les copains de rencontre faisaient le public. Les dealers aussi. On oubliait la guerre du dehors. On réveillait celle du dedans qui vous ronge, qui fait peur, qui se mêle à vous. Il valait mieux la partager, en rire à plusieurs, pour se retrouver ensuite, les yeux éteints, devant les premiers rayons du soleil.

Certainement pour contredire Bohringer [3], peut-être pour se contredire lui-même, il avait écrit : « C'est sinistre une ville, la nuit [1]. »

1. CRC, p. 103, 149.
2. Chanson.
3. Richard Bohringer, *C'est beau une ville la nuit*, mars 1988.

Tu faisais ton cinéma. Souviens-toi de Rio Bravo, *ce merveilleux western, raconté mille fois, entre nous les garçons, sous les yeux vaguement méprisants des sœurs.*

Au début du film, Dean Martin c'est « El borrachon », l'ivrogne... Tu passes la main sur ta bouche, tu as soif. Dean a le bras qui tremble et l'on se moque de lui. Ta main ne tremble pas encore mais tu la tends, incertaine, devant toi, avant de dégainer. El borrachon c'était l'un des meilleurs tireurs de l'Ouest avant qu'il ne se mette à boire. Nous, nous en sommes sûrs puisque tu nous l'as dit ! Nous devinons qu'il va retrouver la précision meurtrière de son tir. Il suffit d'attendre. On te regarde. On sait qu'après l'humiliation, il y aura la vengeance. Le seul sentiment, au fond, dont nous avons le désir.

Il rentre dans le bar. Tu fais le geste de pousser avec le pied le battant de bois. Tu subis le mépris des cow-boys, les méchants bien sûr, qui lancent un dollar dans le crachoir. Mais tu ne vas pas répondre, tu veux mériter de nouveau l'estime de John Wayne, le shérif. Alors tu fais John Wayne, à l'extérieur, avec son fusil sur le bras. D'un seul coup notre salle à manger devient le théâtre de tout l'Ouest américain : il y a les collines, les troupeaux, la poussière ; nous sommes assis sur une barrière de bois, la bagarre approche.

Nous savons tous, pour l'avoir entendu mille fois de ta bouche, que le bandit est caché au-dessus du bar. Qu'il est blessé. Que son sang ne va pas tarder à couler sous tes yeux perspicaces.

Alors tu t'approches du comptoir inexistant. Tu mets ta main sur tes lèvres. Et nous savons ce qui va se passer : la goutte de sang qui tombe dans le verre de bière ; le regard d'El borrachon sur cette bière qui tourne à la grenadine. Et puis tu tires vers le haut. Un seul coup ! Et l'on entend sur la table « retour d'Egypte » à laquelle maman tient tant, l'on entend – je t'assure – le corps du méchant qui s'écroule.

La stupeur est générale dans le bar. Autour de la salle à manger aussi. Tu sors alors comme *un grand d'Espagne (ou alors si tu veux, c'est à toi de choisir, comme Anthony Quinn dans* La Strada, *quand Giuletta Masina a bien tapé sur son tambour, en criant « Viva Zampano »...). Et en même temps que toi tous les personnages s'en vont. Le film est fini. Dean Martin peut aller se rhabiller.*

Je te rappelle tout cela parce que là où tu es (cet endroit mystérieux où il paraît qu'il fait bon vivre) je te vois refaire la scène pour tous ces gens qui t'attendaient depuis longtemps et qui ne savaient peut-être pas qui était El borrachon...

> *« Moi, je dois dire les choses,*
> *« Pour me les voir faire,*
> *« Et ne pas les faire,*
> *« Pour me les entendre dire*[1]*. »*

---

1. PJSL, p. 97.

En 1983 il obtenait un césar diront les chroniqueurs. C'était drôle ce nom pour quelqu'un qui parlait latin comme un évêque. Le césar du meilleur acteur. *La Balance*, c'est une histoire de flics. Nous en reparlerons. Mais c'est le moment où, s'approchant de la gloire, il en mesure aussi le péril. C'est l'époque où les autographes sollicités à tout instant le font douter de ceux à qui il s'adresse : « J'ai perdu mes victoires [1]. » « J'aime aussi Guy Lux », soupire une jeune fille délicieusement idiote. Coup de massue. Une sorte de gifle... Alors il en rajoute. « Je suis le meilleur acteur de ma génération », me dit-il un jour. Ce qui était vrai mais lui permettait surtout, un instant seulement, de détruire cette ombre qui s'épaississait en lui : une angoisse aux griffes de bernard-l'ermite, installée dans la coquille de sa vie.

Le mot « carrière » n'avait aucun sens pour lui [2], et la période brève qui fut celle de ses succès fut aussi le début d'une longue et infernale glissade vers sa propre désintégration. Un peu comme si la richesse qu'il avait en lui ne pouvait être gardée intacte. Comme s'il fallait qu'elle se dissolve peu à peu pour pouvoir se distribuer. Il m'interpellait en riant : « Le communisme est-il soluble dans l'alcool ? » Et je lui répondais : « Peut-être, mais le talent ce serait dommage. »

Demandait-on des autographes à Molière ? Philippe voulait en douter. L'époque avait ses Trissotin – comme la nôtre –, ses tartufes, ses bourgeois gentilshommes, ses illettrés, ses mondaines – comme la nôtre. Mais il semble que l'on riait mieux qu'aujourd'hui. Peut-être pas davantage, mais mieux. Et l'éclat de rire de Philippe on l'entendait à travers les siècles. Un rire d'estrade, de coulisses, de tréteaux, qui parlait d'un temps où culbuter une servante (ou une marquise, c'est la même chose !) sur du foin n'était pas considéré comme du harcèlement sexuel entre deux ordinateurs.

Ce rire-là a cédé la place peu à peu à un étonnement puis à une révolte. Comment la bêtise pouvait-elle durer aussi longtemps, peut-être même s'épaissir au fil des années ? Comment l'imparfait du subjonctif, la cavalerie française, les jeunes paysans devenus maréchaux d'Empire, « vingt siècles de peuple et vingt siècles de rois » (Péguy) avaient-ils pu sombrer ainsi dans le ricanement et la veulerie ?

Philippe aimait la France d'avant les autographes, celle des alexandrins, du capitaine Fracasse et de Cambronne. Celle de Stendhal lorsque l'entrée des Français à Milan provoquait l'émotion des jeunes femmes. Il n'était pas du tiers état, ni du clergé. Il n'avait pas le choix. Il ne lui restait que la noblesse.

---

1. Chanson.
2. « On est loin des bons élèves du cinéma français, du sage Depardieu, de Lanvin le voyou tranquille, de Berri ou de Girardot déjà coincés par leur carrière. » (Patrick Zerbil, *Actuel*, avril 1984).

Tu jouais. La roulette russe comme une drogue. Et la drogue comme une roulette. On sait que ça finit mal si on joue trop longtemps. Le désespoir est toujours ironique. Mais à la maison c'était un festival. Avignon tous les jours. J'ai du mal à me souvenir du visage du père-spectateur. Mais je me souviens de notre petite foule d'enfants. Nous étions six, dans la salle à manger – cour d'honneur –, suspendus aux lèvres, aux mains, à la parole du frère.

Un jour c'était Le Gaucher, *avec Paul Newman, la scène du mariage... Le lendemain la « Présentation de la Beauce à Notre-Dame de Chartres ». Tu marchais dans le salon : « Nous n'avançons jamais que d'un pas à la fois. » Une autre fois,* La Cuisine, *d'Arnold Wesker. Puis Shakespeare : l'agonie d'Antoine « I'am dying, Egypte, dying... » Parfois c'était* Le Cuirassé Potemkine, *ou alors la prise de pou-*

voir par Louis XIV. Eisenstein et Rosselini nous saluaient courtoisement.

Est-ce que tu faisais tout cela pour ne pas être toi-même? Etait-ce pour donner le change, jouer avec le feu, morceler une personnalité dont tu n'étais jamais sûr? Il fallait que, tour à tour, entre en toi le fou, le sage, le saint, le voyou, le justicier, pour que tu puisses, en permanence, être toute cette galerie à la fois. Ou bien n'être plus rien du tout : la préfiguration d'un incendie final qui t'a brûlé comme une ville. « ... je ne travaille pas, mais je ne fais rien d'autre. J'apporte seulement avec moi le danger : je suis un comédien, ou un acteur, car l'un et l'autre s'écrient. C'est à la criée que je prends ma vie, vouée au jeu, jouée à la perte, à l'écroulement, à la saignée même[1]... »

Mais moi, je te revois, solaire, dans une enfance traversée les armes à la main : armes des soldats de plomb, javelots des Thermopyles, ligne bleue des Vosges, revolvers de westerns, poisons et poignards de toutes les tragédies racontées. Je crois que tu aimais faire peur[2].

Cette enfance que nous avons vécue à côté de toi, elle avait deux couleurs. Une pour nous, c'était l'été : brève et aveuglante. Et une autre pour les profs : cette interminable couleur parisienne qui tombait en octobre et ne se levait qu'avec les examens, les conseils de classe, les sept baccalauréats obtenus un à un par chacun des enfants. Et pour chacun d'entre eux, deux fois ! Ils ébranlaient de leurs échos (et parfois de leurs échecs) les murs de l'appartement familial et peuplaient chaque année l'essentiel des admonestations paternelles.

La couleur de l'été était celle de la mer au matin. Je ne peux pas dissocier notre jeunesse de la mer. Notre sang devait être salé, nos dents d'écume, nos épaules de sable et de courants. Et tes yeux – les seuls de la famille – étaient bleus.

Pour ce qui concerne l'hiver, c'était plutôt le gris dont Paris s'était fait comme une identité multipliée au fil des rues et des façades. Bitume ou pavés, silhouettes des passants, foules du métro, les arbres eux-mêmes, tout s'habillait du même revêtement de demi-deuil qui donnait à la ville un visage aux yeux cernés.

Mais de cette adolescence je n'ai que le souvenir de tes fuites. Le catéchisme ? Absent. Les *devoirs du soir ? Pas de traces. Même le métro du matin pour aller à Charlemagne, tu devais le louper... Je ne sais pas ce que tu faisais de cette vie en creux. Où étais-tu exactement ?*

1. PANR, p. 10.

2. « Je suis un mec qui fout la trouille. » (*Télérama*, n° 1902, 25 juin 1986).

Qu'est-ce qu'une biographie ? De quelle audace, ou de quelle vanité, procède cet exercice qui se donne pour ambition le récit d'une vie ? Je ne sais pas très bien sur quel chemin je marche. Ni exactement à la rencontre de qui. Je pourrais dire, après quelques millénaires, que « je ne suis pas le gardien de mon frère ». C'est en effet un choix bien naïf que celui que j'ai fait. Mais avais-je véritablement le choix ? Peut-être faut-il que je me rachète ? Suis-je coupable de non-assistance à personne en danger ? Avais-je bien entendu, au moment où il le fallait, ces signaux de détresse émis chaque nuit, dans une langue que je ne peux appeler que maternelle tant elle ressemblait à la mienne ? « Je suis seul dans ma peau... C'est de moi qu'il faut que je m'en aille... Je sauterai de ma vie comme d'un train en marche [1]... »

Alors ceci n'est pas une biographie. Une enquête, sans doute, sur un homme au-dessus de tout soupçon qui n'avait revendiqué pour lui-même qu'une liberté meurtrière. Une enquête, c'est généralement la succession interminable des questions. Et c'est vrai : « La réponse est le malheur de la question [2]. » Je ne cherche donc aucune réponse. Et surtout pas celles qui seraient apportées à la place de Philippe et pour ainsi dire à son insu. Ne pas juger, ce n'est pas seulement une mesure de prudence ou de pudeur. C'est ce qui permet de laisser toute sa place à la tendresse et toute celle qu'elle mérite à l'admiration. Toute la place aussi à ce qu'il a dit lui-même : « ... Envoûté par le désordre, j'ai vécu dans la sorcellerie des cendres. Ce qu'on m'y a pris, je l'ai pleuré dans le silence bouleversé des volcans. J'ai connu le règne des miettes, le recyclage patient du tabac des moquettes. Moi qui serai marin, j'ai piétiné des eaux de carrelage, navigué de cloison en cloison, éclopant mes valises, mes sacs-poubelle, dans des autos sans autres plaques que mon identité [3]. »

Se pencher sur un homme que l'on a vu grandir, c'est une façon de voir le temps à l'envers. Il se déroule dans la vraie direction : le passé. Car nous sommes tous des « has been », des humains qui ont été. J'en suis, sans aucun doute, un exemplaire assez authentique. Pour les morts, c'est différent : leur passé se prolonge d'une manière un peu erratique. C'est fou ce qu'un homme peut devenir après qu'il a épuisé son temps humain. Colbert, Mazarin, Napoléon, la plupart de nos rois, c'étaient des voyous ! Aujourd'hui, en marbre blanc, dans les jardins publics, livrés à l'admiration des enfants des écoles..., ils doivent rigoler !

Je ferai donc de Philippe un héros ordinaire, un Ulysse pour jours de pluie... Dans un voyage qui ne finira jamais, il aura traversé des mers insensées, accroché à son mât pour entendre sans mourir les plus belles sirènes.

Un Ulysse sans Ithaque, sans Pénélope, sans le chien Argos pour le reconnaître.

Et lorsque la mort viendra, il saura – lui seulement – qu'à l'instar d'un mauvais écrivain, elle ne sait pas conclure.

---

1. Chansons.
2. Maurice Blanchot.
3. PANR, p. 17 ; texte que l'on retrouve, élargi, modifié, dans CRC, p. 70.

J'ai cru pendant deux ans gouverner tes frères dans le jeu. J'écris « gouverner », c'est une façon de parler. C'est pour rire. J'étais ministre et ils ne se gouvernaient pas eux-mêmes... Mais enfin. On prend des décisions, on passe à la télé avec un air grave. Eux, ils arrivent, ils doutent, ils ont toujours raison. Moi je les aimais ces gitans, ces intrépides. Ils venaient rue de Valois avec de grands gestes. Ou alors accablés. Ou en colère. Je crois que tu aurais dû être ministre à ma place[1].

Si tu étais venu, tu aurais pu voir Jean-Louis Barrault endormi sur une banquette. Kundera dans la petite salle à manger. Vitez parlant d'Aragon et de Claudel... Avec la même admiration. Noureïev régnant sur le palais Garnier. Je te le dis maintenant : Marguerite Yourcenar m'avait écrit, puis elle était partie. J'avais mis la photo de Malraux à l'entrée, je recevais Strehler, Le Poulain. Je pensais à toi.

C'est drôle l'Etat pour des artistes. Sans lui, on s'ennuie. Sans eux, il s'interroge.

Moi, j'essayais de trouver de l'argent pour les tréteaux, les musées, les cathédrales, toutes les musiques et toutes les danses. Toi, tu n'as jamais mis les pieds sur cet escalier de marbre qui part du Palais-Royal pour arriver jusqu'aux bureaux de la République. Tu t'en méfiais et tu avais raison. Tu n'étais ni à gauche ni à droite. Et certainement pas au centre. En dehors peut-être. Ailleurs. Je ne sais comment définir ce lieu où l'on se retire pour respirer ou pour se révolter. Peut-être un bistrot, une ferme, une île, un bateau ? Un endroit sans subvention, sans carte de séjour, sans douanier, sans vote obligatoire... Un lieu d'imprécation et de douceur. Les deux, très étroitement mêlées, parce qu'au fond chacun de ces deux mots a besoin de l'autre.

Tu vois, quand je pense à toi, c'est dans cet intervalle entre la colère et la tristesse. Un homme qui n'est pas révolté n'est pas un homme tout à fait normal...

Un soir, la nuit était déjà bien avancée, tu es passé devant l'Assemblée nationale. Les gendarmes m'ont raconté ce passage. Tu étais debout dans une voiture décapotable. Ce qu'on appelle une grosse américaine. Etait-ce la Cutlass noire 1970 ou ta fameuse Dodge bleue ? Et tu conduisais en même temps. Tous les gendarmes te le diront : c'est dangereux et probablement interdit...

A cette heure-là, il n'y a plus grand monde dans l'hémicycle. Les amendements font le vide autour d'eux. Alors tu as crié « François ! Qui c'est qui garde le magasin ? » C'était grammaticalement incorrect et ce ne peut être que pour cette raison que le capitaine de gendarmerie t'a demandé de faire, à pied, le tour du bâtiment. Puis une deuxième fois, en passant le long de la Seine, devant le palais d'Orsay. Puis il t'a raccompagné.

Je ne connais pas le rapport qui a suivi. Probablement le mot « ébriété » était-il celui qui correspondait au règlement. Tu as dû l'accepter en bougonnant. Et puis tu es allé lire Lautréamont ou Rimbaud ou Cendrars dans un endroit sans gendarme et sans député, te demandant sans doute si la République avait raison de laisser ainsi la nuit se gouverner elle-même.

---

1. « Quand nous avions vingt ans, c'est moi qui préparais Normale sup et c'est lui qui jouait de la guitare dans les bistrots. » (Interview de Philippe Léotard par C. Delmas, *France-Soir*, 13 octobre 1986).

Qu'est-ce qu'un comédien ? Eux-mêmes seraient bien en peine de répondre. On pourrait dire : un homme qui joue. Qui se joue de lui, d'abord, mais ce ne serait pas encore tout à fait cela. Un homme qui est là au nom des autres hommes. En représentation justement. Il nous représente. Une femme qui pleure, sur des planches en bois, elle pleure au nom de toutes les femmes. C'est pour cela que nous aimons la comédie : il y est question de nous. Un valet est toujours un maître caché. Un homme qui sort de scène en disant qu'il va mourir, on ne sait jamais si c'est vrai. On a envie d'aller voir, de porter secours. Lorsqu'il se relève à la fin il faut le remercier d'être encore là, avec nous. Un comédien, c'est d'abord quelqu'un qui crée de la gratitude. C'est pour ça que les vrais sont toujours pauvres. Il faut donner sans arrêt. Bien au-delà de ce qu'on a.

« Comediante, tragediante », disait Napoléon au pape. Et le pape devait penser la même chose de l'Empereur. L'important, c'est de pouvoir passer de l'un à l'autre. Du pape à l'empereur. Du comédien au tragédien. Il en est ainsi dans la vie : quand il y a des larmes autour de nous, on a du mal à ne pas pleurer.

Une salle de théâtre, c'est fait pour sortir de la nuit dans laquelle on est enfermé. Et le comédien est le premier à sortir. Il sait qu'au théâtre tout est vrai, même la vie.

Philippe était un homme qui s'est toujours vu dans le regard des autres. Et qui parfois s'en est trouvé exclu. « Il n'y a plus de place pour moi dans ta glace [1]. »

Il était jongleur de mots comme on l'est de petites balles blanches au milieu d'un cirque. On craint toujours qu'une balle s'égare, qu'elle tombe par terre. Il ne faut pas gêner le jongleur. Il faut d'autant moins le gêner que juste après vient le clown. Et c'est souvent le même homme. Avec son nez rouge, ses immenses chaussures et ses bretelles, on le reconnaît. Il reçoit des coups de pied au derrière, fait des culbutes. Il s'en moque puisqu'il entend le rire des enfants.

L'autre clown, le blanc, c'est la société. Il est sérieux, il pense qu'il y a des règles dans la vie. Et que ce n'est pas convenable d'être aussi maladroit, de se prendre les pieds dans le tapis, de tomber sans arrêt. Il y a comme une banalité à dire que le clown est triste. On lui a tellement dit que la vie c'était grave. Il se sent un peu coupable, un peu seul. Alors il a envie de partir. Il rentre dans sa caravane. Il enlève son nez, cette sorte de feu arrière qui le désigne à la pitié. Il commence à se démaquiller, il reprend des chaussures qui font mal aux pieds. Il passe devant la cage du lion qui est encore plus triste que lui. Il s'éloigne du terrain vague, il arrive dans la ville. Les enfants sont couchés.

Y a-t-il encore quelqu'un qui ait envie de rire ?

---

1. Chanson.

On a des échos, des rumeurs sur ton passage à Sainte-Barbe. Il y a tes anciens élèves [1]*. Ils se souviennent de leur premier pastis avec toi, des aubergines farcies de la rue Valette. Tu n'as pas pu t'empêcher de faire ton cirque... D'ailleurs, tu jouais au cirque d'Hiver. Et puis tu faisais le prof. Pas tellement le prof qui s'assoit sur la table comme il y en a tant aujourd'hui. Mais le professeur de vie. Vie secrète du soir et des mots qui l'éclairent. Tu leur faisais lire Céline à tes élèves, Boris Vian, Lautréamont, tu oubliais parfois de te réveiller le matin. Il t'arrivait de prévenir : « Ne venez pas demain... je dors ! » Ou alors : « Je n'ai pas de copies à vous rendre. Mon fils les a bouffées. » Parce qu'il y avait déjà Frédéri, un garçon blond qui entrait dans ta compagnie par théâtre interposé. Ta première femme, sa mère, était comédienne. A vous seuls, une petite troupe. Déjà bruyante, enfiévrée. Tu t'en échappais par les coulisses* *lorsque tout le monde allait dormir. Tu les retrouveras, les enfants de Liliane : Frédéri, devenu assistant, sur le tournage d'*Exit-Exil *(il te dit « Monsieur » devant tout le monde) et Laetizia, qui sera, dans* Rouge-Gorge, *le film de Pierre Zucca, une adolescente menant une enquête sur les louches activités de son père (c'est-à-dire toi...).*

Dis-moi, vieux, tu dois être content : dans ta vie d'aujourd'hui, j'imagine qu'on ne se couche jamais. Lorsque tu as débarqué là-haut, là-bas, si loin, personne ne s'était assoupi. La classe avait les yeux ouverts. C'est le prof qu'ils attendaient avec dans sa serviette ou dans sa tête les dernières nouvelles de l'écriture. Et tu leur as dit ça : « Le très grand, c'est pas celui qui détient la vérité, c'est celui dont l'erreur, aussi, est importante[2]*. » Là ils étaient soufflés. Sur le cul ! La Barbe sainte, ils connaissaient. Mais pas la provocation. Dieu a un peu fait la gueule et puis tout s'est calmé. Tu vois vieux, l'enseignement, ça mène à tout. On ne choisit pas vraiment ses élèves, mais on peut choisir de les rendre intelligents.*

Tu avais parlé un jour d'un frère qui serait ton fils[3]*. Alors il faut que tu m'adoptes. J'ai tout préparé. Il ne manque que ta signature. Ça me rajeunira.*

---

1. Entretien avec Ph. Issalis, septembre 2002.
2. JLM, p. 67.
3. Poème, « Longue marche », PJSL, p. 15.

Le Franc-Tireur, c'est un titre qui lui allait bien. D'abord parce qu'il commence par Franc, l'homme libre. Avec un reste de vanité nationale on peut poursuivre : le Franc, le François, le Français... Ça fait toujours plaisir.

Malheureusement, dans le film, on est plongé dans la débine et la débâcle. On peut toujours dire qu'il y a eu 100 000 morts en juin 1940... En 1944, ils étaient tout autant fébriles, tout autant tartufes les Français. Il y avait toujours la même rareté dans l'héroïsme.

C'est un film de Jean-Max Causse et de Roger Taverne. Nous sommes en 1972. Eh bien, vous savez quoi, comme disent les collégiens ? Le film ne sortira que le 16 janvier 2002 ! Avant cette date, pas de sortie nationale ! Le monde, les jeunes Français, n'ont pas à savoir que nous avons été écrabouillés par inadvertance. Une malheureuse succession de hasards... On ne s'est jamais vraiment relevé de cette « étrange défaite [1] », on ne s'est pas relevé de l'histoire poisseuse de nos gendarmes sur les quais d'une France profonde qui voulait ignorer les trains de déportés. Et qui parfois les accompagnait...

Pithiviers, Beaune-la-Rolande, Arenc, Drancy, c'est la version contemporaine et noire d'Orléans, Beaugency, Notre-Dame de Cléry, Vendôme... Nous chantions cela pour le « dauphin si gentil », hélas! remplacé par un Maréchal sénile et déshonoré.

En juillet 1944, Philippe c'est Michel Perrat, un fuyard qui rejoint sa mère dans le Vercors. Il faut que la guerre se termine, ça fait trop longtemps déjà... On attend les Alliés, les gaullistes. Ils ne viendront pas. C'est une troupe hétéroclite, comme l'est une société française battue par les vents et la tempête de l'histoire. Il y a de vrais résistants, de bons trouillards, des faux civils et des vrais soldats dans un décor sauvage qui ne fait qu'encadrer et précéder la sauvagerie allemande.

C'est l'un des premiers rôles de Philippe. Avant il y avait celui du film de Vautier : *Avoir vingt ans dans les Aurès.* Toujours la guerre, toujours cette recherche d'une France incertaine, enfermée dans son malaise.

Dans *Le Franc-Tireur*, Philippe est un héros par défaut. Il veut vivre, il veut aimer, il veut fuir l'absurdité de la guerre. Il joue pour lui, comme il le fera toujours. Sa peau, ce n'est pas de sa faute, devient celle d'un guerrier. Mais c'est sa peau.

Plus tard, beaucoup plus tard, abordant ce qu'il avait appelé « l'archipel des polynévrites », il écrira : « ... je n'espère de l'amitié des autres qu'une chose : la prochaine fois qu'un homme pleurera seul et nu dans une cave, que ce ne soit pas moi [2]. »

---

1. Marc Bloch, *L'Etrange Défaite*, Gallimard, « Folio histoire ».
2. CRC, p. 40.

Comment vous faites là-bas ? Est-ce que tu t'es fait des amis ? Et Dewaere, et Coluche, est-ce qu'ils t'ont bien accueilli ? Dis-leur que tu t'es brûlé par inadvertance, que l'on a dit sur toi beaucoup de choses fausses. Des tristesses. Que tu peux aussi raconter des histoires où l'on pleure de rire.

Ils savent, eux, ce que c'est que pleurer de rire. Avec des vraies larmes qui coulent, des copains pliés en deux ! Comment dit-on plié en deux quand on a laissé son corps derrière soi[1] *?*

Tu sais, je parle, je parle, mais je n'y crois pas trop à ce monde où tu es. Pas plus qu'à celui où nous vivons, d'ailleurs. Il me semble simplement qu'ici, aujourd'hui, là où sont les humains, ton esprit plane sur les eaux, qu'il s'amuse à voir des choses étranges au fond des bars. Tiens, par exemple, ce soir, à la Closerie des Lilas, je suis sûr qu'il y a des gens qui s'inquiètent de ton sort. Ils ont peur pour toi. Et tu les écoutes, avec sous les yeux tes poches de pélican. Tu as passé tellement de temps déjà à plonger dans ces eaux profondes, à taper sur le piano, à monter sur les tables. Tu sais exactement ce qui se passe. Ce soir tu l'as longuement regardée cette fille, là-bas, au fond de la salle, qui fait semblant de lire. Tu trouves que le type qui est en face, enfermé dans son costume, ne sait pas bien s'y prendre. Il devrait la faire rire. C'est le seul moyen. Lui dire qu'il va l'épouser demain matin. Que sinon il va se jeter sous un autobus.

Regarde-le, cet imbécile. Il fait des manières. C'est un vieux beau. Il demande au serveur comment elle s'appelle, la fille. Naturellement il n'en sait rien, le serveur. Tu as envie de lui dire au costume-cravate : « Va lui demander toi-même, crétin... Arrête de regarder ses jambes... Va chercher des fleurs, ou du gin, ou un vrai livre... »

Moi je sais que tu parles à l'oreille de tout le monde. Enfin, des gens intéressants, un peu paumés, un peu déglingués, sûrs de rien, mal convaincus de la nécessité de vivre. Ceux-là ils t'ont aimé. Ils t'ont aimé hâbleur, joueur de flûte, videur de querelles, pipeur de dés. Bête noire. Loin du troupeau. Même pas berger.

Je peux te le confier, Philippe : continue à leur dire, à ces humains inquiets, des mots peu préparés, des cris mal dégrossis, des chansons éraillées, toutes sortes d'amours qui ne s'achèveront jamais.

Ils t'entendent peut-être mieux aujourd'hui. Maintenant que le monde se met, de nouveau, à ressembler à une caverne.

---

1. Poème sur Coluche : « Michel, jamais je ne peux obtenir / cette minute de fou rire / qui, un instant, te ferait revenir! depuis cette rupture peu banale, / à coups de roses rouges, / à Montrouge. » (PANR, p. 78).

« Lui, c'est Léotard. Moi, c'est Monsieur Léotard. » Il avait tracé la frontière la plus poreuse qui puisse s'imaginer. Une frontière faite d'inaugurations et de rubans tricolores : d'un côté il y a la petite fille avec les ciseaux sur un coussin, les hommes cravatés jusqu'aux yeux, les importants en première ligne, l'attente résignée des discours. De l'autre, mais déjà très loin, posé sur un rocher comme une mouette rieuse, il y a l'homme qui joue avec le feu, qui rêve de nuages, qui s'indigne et qui finit par chanter : « Nous les libres oiseaux nous irons vers la mer [1]. » On l'aura compris, celui qui n'était pas un monsieur c'était moi. L'oiseau, c'était lui.

Et pourtant ! Combien de comédie du côté de la politique, de postures, de déclamations, combien de coups de théâtre, de fausses sorties, de traîtres de boulevard, de vaudeville ! Et de l'autre, quel civisme ! Il y a comme une surprise à applaudir tour à tour les uns et les autres. On les siffle. Ils reviennent. Le suffrage est toujours universel.

Avec Philippe nous avons marché sur des trottoirs différents. Nous n'avons pas imaginé d'en changer. Peut-être simplement, à un moment de doute ou de lassitude, lorsque les projecteurs s'éteignent et que s'éloignent les spectateurs, avons-nous rêvé de les échanger.

Lui, comme dans *Le Milieu du monde*[2], aurait mené une campagne électorale. Il aurait su faire. Sa gueule d'ange, son regard triste des premiers films, ça peut donner une bonne affiche.

Moi, j'ai toujours eu dans la gorge une tragédie rentrée. Alors je m'arrête.

Il avait sur le pouvoir, ses dorures et ses prétentions, un regard de fascination interrogative. En fait il y croyait au moment même où j'avais cessé d'y croire. Et sa lecture de l'Histoire était assez paradoxale.

Ses arrivées au ministère de la Défense étaient pour les gendarmes un moment un peu perturbé. Il y avait du flottement dans les rangs. S'il criait : « A vos rangs, fixe », il y en avait toujours un qui obéissait.

A cette époque, j'étais souvent entre deux discours, deux avions, deux crises. La Somalie, le

Rwanda, Sarajevo, le Cambodge... Lui, il parlait de Marco Polo et de « la route de la soie, tellement bombardée depuis [3] »... Et je ne l'ai pas assez écouté.

Il comprenait la guerre de l'intérieur, ce qui se passe dans la tête des hommes. Il avait lu dans Eschyle, dans Hérodote des histoires très modernes. Il savait qu'il n'y a pas d'armistice qui tienne.

« J'ai vécu dans la béatitude de la maladie, de la féminité et de la guerre [4]. »

---

1. Chanson.
2. Film d'Alain Tanner, 1974.
3. Chanson.
4. CRC, p. 4.

Il y a du respect dans leurs voix. Piccoli, Chéreau, Lelouch, Boisset, Depardieu, Noiret dans le désordre... Une cohorte française qui vaut bien celle des Grecs... Ils n'étaient que trois cents, aux Thermopyles, autour de Léonidas... Tu as joué avec eux, tu as entendu leurs ordres, leurs contrordres, leurs doutes, leur espoir d'être compris. Je les ai rencontrés pour parler de toi : chaque virgule dans leur phrase, chaque attente avant un mot, c'était un souvenir, un souffle retenu. Tu sais cela : cette qualité du silence autour de la piste, cette apnée au moment où le trapéziste s'élance dans le vide...

Pour toi c'était pire : il n'y avait pas de filet. Une fois, même, tu t'es jeté dans la salle. C'était à Agadir. Tu t'es cassé je ne sais combien de bras, de jambes, de mentons. Tous tes os se sont fragmentés. Tu avais probablement ce soir-là visité des paradis excessivement artificiels. Ton squelette avait un air de mosaïque byzantine malmenée par des Turcs.

Maintenant que ton corps est réduit à sa plus simple expression, je vais te parler de la poussière des mots. Pas seulement de ta poussière à toi, physiquement prévue, annoncée dans la Bible, dans le Coran, un peu partout, vérifiable à chaque instant dans tous les cimetières du monde... Mais de ce que tu as laissé derrière toi : des traces de pas sur la croûte de cette planète, des mots perdus (mais pas pour tout le monde), des chansons qui sont – en général – ce que les hommes ont fait de mieux avant d'aller mourir ailleurs.

Tu as eu raison de dire tout ça. C'est un ensemble énigmatique, diapré d'alcool et de tabac, qui a été exprimé au nom d'une certaine humanité. Pas celle des criminels, des intégristes, des fous de Dieu ou du Parti, mais celle des hommes de tous les jours : les alignés le long d'un comptoir, les menottés contre un mur, les agenouillés dans leur souffrance, les laissés-pour-compte, les enrôlés de force, les détruits, les silencieux.

Tu connais, j'en suis sûr, L'Art de la fugue de Jean-Sébastien Bach. Le dernier morceau, la *triple fugue, est inachevé. Parce qu'après, il y a la mort de Bach, d'un seul coup un grand silence. Tu es ce silence lui-même. Un silence fait de désirs incompris, un silence dont la mort elle-même n'arrive pas à rendre compte. Tu es resté inachevé.*

Claude Lelouch [1] *m'a parlé de ce que tu lui avais dit de moi : « S'il saute par la fenêtre, je serai en bas avant lui. »*

1. Entretien avec Claude Lelouch, 16 septembre 2002.

Des pages-épaves « repêchées au hasard des grèves [1] »... Pas plus que pour d'autres, l'écriture n'était, pour Philippe, une aventure innocente. Il connaissait les lieux de ces épaves, mots disloqués, usés, lavés par toutes les vagues du temps. Il allait les chercher là où elles étaient, dans le langage des bars ou dans l'imposture des puissants. Puis il jetait tout cela à la mer, au fil de ses rencontres. Ensuite ça dérivait ; il en va des mots comme des rêves : ils s'évanouissent dès qu'on les prononce.

Il n'avait pas fait le Conservatoire. Il n'avait pas les Arts et Lettres. Commandeur seulement de sa propre parole. J'aurais pu le décorer... Il n'aurait pas aimé, mais je sais ce qu'il aurait dit : « On ne mesure pas assez tout ce que l'alcool a fait pour la littérature en général et française en particulier... » Rue de Valois, où l'on a entendu beaucoup de choses, c'est un discours qui reste à faire...

S'il s'est beaucoup raconté, c'est à mon sens pour ne rien livrer. Ainsi, multipliant l'ombre de ses mots, il cachait une clarté qui aurait pu l'aveugler. Rimbaud, un siècle plus tôt, avait rencontré cette évidence : « ... Il ne fit que s'amener à la mort comme à une pudeur terrible et fatale [2]. »

D'abord un écrivain. Plus que le théâtre, le cinéma ou la musique, qui ont été les rythmes mêmes de ses plaisirs, il y eut l'écriture. Une sorte de quatrième tiers, aurait dit Pagnol... Elle a peuplé sa vie, accompagné son amour des femmes, poursuivi ce que la scène ou l'écran ne permettaient pas de prolonger. Mais sans trop d'illusions. Il parlait ainsi du « désastre de ces véhicules démodés que sont aujourd'hui les mots [3] ».

Beaucoup de textes se sont perdus. « Manuscrits noyés ou brûlés, quelle importance?... Si livre il y a, c'est pour que, depuis sa conception à ma mort, il soit le compagnon d'une route incertaine [1]. »

Léo the First... J'accepte cette primauté qui, dans la famille, ne fut jamais discutée. Au moment même où j'écris ces lignes, dans une lumière qui ressemble tellement à celle de notre enfance, je dépasse l'âge où il s'est brûlé.

Philippe : « La plume est conçue pour le vol imperméable, pour le plongeur inaccessible, le haut regard sur l'empire de la chute [1]. »

1. CRC, p. 9, 188-189, 173.

2. Rimbaud, *Œuvres complètes*, Gallimard, « La Pléiade », p. 159.

3 PANR, p. 11.

Tu vois, je ne pleure plus. Pour un instant seulement. Un homme, ça ne devrait pas pleurer. C'est ce qu'on nous disait, dans les familles bien élevées.

Mais ce jour-là j'ai pleuré. Abondamment. Je dégoulinais. C'était pas beau. Je me disais : un ministre, ça ne pleure pas. Et puis voilà, c'est venu. J'avais Dominique, notre autre frère, dans les bras. On était si seuls. Tu avais choisi de te cacher derrière la musique, les chants corses, le feu. Pourquoi n'y aurait-il que les filles pour pleurer ?

Aujourd'hui tu me manques. Cette sorte de force que tu avais. Le premier de la horde ou de la harde. Il doit bien y avoir un cerf, plus fort que les autres, un loup peut-être, pour défendre le troupeau, la meute. S'il n'est plus là, comment allons-nous faire pour nous défendre ?

Donc je proclame mon impudeur passée et à venir. Je m'exhibe. Tu nous avais habitués au spectacle. Coluche t'avait dit un jour : « Tu devrais être Coluche en plus fin[1]*. » Je n'en sais rien mais je crois qu'il n'y a aucune raison – je dis bien aucune – pour ne pas éclater de rire ou pleurer des larmes de sang dans la rue. La retenue, c'est une élégance dont j'ai perdu le souvenir. Je veux que tout le monde le sache : la mort, c'est une connerie. Les soldats, on dirait qu'ils aiment la mémoire de la mort : décorations, discours, trompettes et rangs serrés, la patrie, les frontières... Debout les morts ! Papa disait cela en parlant de Douaumont. Quelqu'un avait crié cet ordre-là. Au moment du dernier assaut. C'était beau mais les morts ne se levaient pas. Il y en avait trop. Plus de place pour se relever ! Dis-le plus fort que moi, toi qui aimais la France. A Bouvines, un contre trois ! Cette France capricieuse, vivante et toujours si lointaine... Je l'ai rêvée, comme toi, dans sa jeunesse insolente. En Lorraine avec les dragons de Noailles, dans les prisons allemandes avec les torturés, au pied de la petite stèle de Camus à Tipaza, sur le pont du Pasteur vers les grands rêves de l'Asie, avec les juifs d'Albert Cohen à Céphalonie, dans les tissus de la Martinique, la chaleur créole, la langue de Césaire... Peuple* *parlant, villes de paroles, bouts du monde où nous sommes toujours. Et cet ordre des avenues, à Washington, dans le regard de Lenfant.*

Et en même temps, les chevaux de Venise volés par Bonaparte.

1. Entretien avec Philippe Servain, 4 décembre 2002, PANR, p. 77.

Danièle Heymann : « Philippe Léotard a le charme déglingué des chefs-d'œuvre en péril [1]. » Ce n'était pas mal vu et le chef-d'œuvre en question aimait bien le péril. C'était son côté « tour de Pise », une façon élégante de vaciller.

Avant les yeux, avant la parole ou la chanson, il y avait son corps, là, au milieu de nous. Un corps massif qui laissait transparaître, à travers la sueur ou les larmes, un désir de vivre mais aussi une familiarité quotidienne avec l'angoisse. Un corps qui pleurait de rage, qui se dépouillait, se mettait au-devant des regards. Non pas pour dévoiler une parole, mais probablement pour en déchirer la nature profondément mensongère.

Comment ne pas retrouver dans ses livres cet encombrement du corps qui fut un des éléments les plus constants de son dialogue avec la vérité de la mort ? « Mon corps...

pris de blessures, d'écharpements et de défroques [2] »...

Corps victime et souffrant, corps exhibé, soumis à un dérèglement méthodique qui faisait de Philippe un martyr de sa propre cause. « Il faut que vous soyez instruits des plans quinquennaux de ma cohabitation avec mon corps [3]. »

Depuis la maladie de son enfance – la maladie de Bouillaud – il y avait à l'intérieur de lui comme un sable mouvant dans lequel il se savait destiné à être enseveli. « Bas-quartiers, bistros, théâtres ou clinique, j'ai jamais eu qu'un seul problème : survivre [3]. »

Mais survivre toujours à la limite, au bord du gouffre, à proximité même de l'effondrement que l'on a deviné ou choisi. Le paradoxe tenait à ce qu'une telle proximité de l'échec, tente fragile à peine posée sur un désert ou une banquise, c'était l'amour de la vie qui la dictait. « Il faut d'abord s'aimer soi-même pour faire l'amour à la vie [4]. »

Je ne sais pas s'il existe une hiérarchie entre les humains pour ce qui concerne un amour de cette nature. Mais Philippe devait être en haut de l'échelle, au sommet des valeurs sûres, celles du rêve... Là où le prix de l'homme est au plus haut [5].

Voyages, copains, nuits trop brèves, châteaux espagnols, voitures américaines, « un hamac à Macao [6] », il voulait tout avoir pour tout quitter, y compris son propre départ. Ses mains, dont il évoquait « l'impressionnant silence [3] » ne tenaient rien. Elles étaient simplement les mains tendues d'un enfant qui cherchait à être aimé.

---

1. *Le Monde*, 29 avril 1990.
2. PANR, p. 108.
3. CRC, p. 48, 52, 67.
4. Chanson, « Drôle de Caroline ».
5. « Je me moque de ma carrière, pas de ma vie. » (*Télé 7 Jours*, 19 juillet 1986).
6. Chanson.

Voici Claude Lelouch qui me reçoit. Je veux lui parler de toi. Il est sec, anguleux, de noir et de rigueur vêtu. Son bureau, c'est une caverne de l'image : une chambre, une « camera », dit-on en latin. On y est pris en charge comme dans un scénario. Chaque plan est strictement coupé du monde par un claquement qui rappelle – si besoin est – l'ordre prioritaire de l'imaginaire, de la fiction, c'est-à-dire d'une réalité plus profonde.

Tu ne t'en doutes pas, mais je rentre avec toi dans ce bureau. Tu m'accompagnes. Nous allons voir un homme qui a toujours été à tes côtés, qui t'a prêté son petit théâtre de Montmartre, qui t'a logé, qui a toujours devancé tes malheurs, tes incertitudes. Tu es chez toi, tu reconnais les lieux.

Il me dit des choses simples. « Il trichait moins que les autres. » Là tu approuves, tu es content. « Il avait une dignité permanente. » Tu redresses un peu les épaules. Ça fait du bien. « C'était un diamant que personne n'a pu tailler... Il n'a pas trouvé son tailleur... Il était trop gros... » Le diamant sourit, invisible, les yeux tournés vers le ciel, d'où il vient juste d'arriver.

Lui, Claude, il ne te voit pas mais je sais que toi tu le couves de ton regard d'exilé. « Il ne s'est jamais remis de sa rupture avec Nathalie Baye. » Tu baisses la tête. Tu n'aimes pas que l'on pénètre à l'intérieur de tes cicatrices, dans les moments secrets de ton existence tourmentée. J'ai envie d'acquiescer mais ça ne me regarde pas. Tant pis : je souris avec du reproche dans les yeux. Pourquoi as-tu laissé cette femme qui t'aimait aux mains de Johnny Halliday ? Là tu ne réponds pas. Tu es un peu vexé.

Et puis l'humilité de Lelouch, l'orgueilleux : « Chaque fois que je l'ai rencontré, je me suis enrichi. »

J'ai envie de lui dire que nous nous sommes tous enrichis de ton immense pauvreté, que l'on donne toujours ce que l'on n'a pas, que la vraie générosité c'est d'être exigeant avec un talent que l'on recherche tou-

jours. Là, tu n'entends pas, parce que je ne l'ai pas dit. Tu le sais bien, j'ai l'esprit d'escalier... Parfois je m'échappe...

Lelouch continue : « *Pour lui, la vie normale était une souffrance. Elle était insupportable.* » *Et moi, tout bas, dans ma tête : supporter c'est se trahir. Intelligence avec l'ennemi. Peine de mort... Il faut être soi-même insupportable. Moi je ne l'ai pas été assez, je me suis laissé supporter par n'importe qui...*

Et puis des phrases très belles : « *Il a mis sa vie en jeu, à chaque fois. Comme un toréador.* » *Je te regarde et je te vois avec tous les torros du monde : les dettes qui foncent sur toi, les médias qui sifflent ou s'absentent, la foule qui pointe le pouce vers le bas, qui voulait davantage de sang, de blessures*[1]*...*

Lelouch, fataliste : « *De toute façon on ne peut pas conduire une formule 1.* » *Philippe, pilote de formule 1, se colle un peu à son fauteuil. Tu sais qu'il y a du péril dans l'air, les virages ne sont plus négociables.*

Enfin une dernière histoire, la plus belle. Tu es à Saint-Cloud. A l'hôpital. Tu souffres de tout. Et de toi d'abord. Lelouch arrive. Vous parlez. Tu lui demandes de te raconter un film, n'importe lequel, un rêve, un conte, une fable... Il s'exécute. Et tu lui dis : « Voilà le titre : Le bonheur c'est mieux que la vie. » Et c'est vrai.

Cela ne m'étonnerait pas si c'était le prochain film de Lelouch.

---

1. « ... parce qu'ils t'ont vu à la télé, des fois à l'écran, ils ne te lâchent plus... Ils te demandent ton sang, ta peau, tes reins, ton foie, tout ce qu'ils peuvent te prendre. » (JLM, p. 94).

Quand, dans une gare, vous voyez le panneau « Buffet des voyageurs », vous ne pensez pas, vous : « Y en a-t-il un aussi pour les marchandises [1] ? » C'était son rapport avec le réel. Une façon de le détourner, de le faire contribuer à la ruse des mots. Ainsi la vie venait-elle dans l'écriture pour la déranger. Les gares, pour cet usage, c'était parfait.

Philippe rêvait toujours de gares où viendraient de lointaines locomotives, des Transsibériens, des Orient-Express, les voitures bleues des grands trains internationaux. Des gares où l'on s'étonnerait de rencontres aussi précaires que les fumées de jadis. Mais il ne rêvait pas de marchandises.

Il récitait Cendrars et se voyait, enveloppé de fourrures, s'éloignant de Montmartre en compagnie du joaillier de Pforzheim.

Passer le Simplon la nuit, s'ouvrir pour soi

seul le canal de Panama, aller à Cuba, à Pékin, ou rêver d'y aller, parler de Pondichéry, imaginer un libraire qui répondrait en français, c'était une façon d'être en exil.

Cet homme de racines avait un double, une ombre intérieure, un éternel émigré qui savait mieux que personne que le bonheur n'est jamais là où l'on est.

Voyages, drogues, rêves, c'était toujours le même besoin d'être ailleurs, lorsque la terre entière n'est plus que « la Patagonie du cœur [2] ».

Et quand on ne réussit plus à partir, on cherche dans les mots ce qui n'est plus sur les cartes.

Rimbaud : « Les incroyables Florides, les Alleghanys et les Libans de rêve [3]... »

Philippe : « Où est le départ, où est l'Orient, les mers du Sud [1] ? »

Parce que le départ c'est une façon de recommencer sa vie, il faut le multiplier, le déposer au pied d'un sapin, l'entourer, comme un cadeau, du papier des mots, il faut le retarder aussi comme on le fait d'une convoitise.

Il partait donc. Une dizaine de domiciles avec Clara. Des chambres sous les toits, une caravane, l'arrière d'une voiture américaine, le garage de Coluche, on peut dormir partout, laisser derrière soi des petits bouts de textes dans un camping-car, dans une salle d'attente. De toute façon, aimer c'est attendre. Et ceux qui sont là, dans cette occupation patiente, ils sont un peu plus humains que les autres.

« J'aime les trains, les autobus, les bateaux et les pavés du Nord pour la même raison : je n'y suis jamais le seul à tituber [4]. »

---

1. CRC, p. 37.
2. Chanson.
3. Rimbaud, (La Pléiade), p. 67, 135.
4. CRC, p. 26.

Bestialité des humains. Vulgarité du corps. Tu étais l'un des rares à parler de cette façon, de couilles, de pets, de poils, de rots, de culs, de tout ce qui est formellement mal venu dans les dîners en ville. Pourquoi ?

Tu sais que je n'aime pas cela. La bienséance, c'est commode pour survivre. Mais je crois que tu étais tout entier dans ce récit de l'homme sans protection : nu et finalement assez laid. Sa démesure et sa bassesse, l'une et l'autre te semblaient utiles à exprimer.

Tu n'as pas voulu faire de l'humain un portrait qui s'éloigne, par élégance, par pudeur, de sa triviale réalité. Tu étais, pour l'écriture, ce que Bacon fut pour la peinture : un écorché qui mesure, à chaque pas, ce que l'homme a – en lui – d'immondices. C'est bien sûr le contraire de la mondanité. Mais sommes-nous mondains lorsque nous sommes humains ? Je crois – comme à une protection – à la cour-

toisie, à l'élégance, au baisemain, aux paravents. A une sorte de draperie convenue, camouflant notre malheureuse appartenance à la faune de la planète. Mais tu as voulu rencontrer notre identité. Par défi sans aucun doute. Par souci, aussi, de dévoiler ce qui nous cloue au sol, ce qui nous empêche de rêver, ce qui fait de nous – comme le traduisait si bien André Chouraqui – des « glaiseux ». Un jour où j'étais malade, tu m'as dit : « On donne bien son corps à la médecine quand on est mort, moi je voudrais bien le donner à mon esprit pendant que je suis vivant. »

C'est étrange, chez toi, ce mélange de la pudeur et de la lubricité, ce mélange aussi de la vérité et du mensonge. C'est assez rare d'aller jusqu'au bout de l'un et de l'autre. Car menteur tu étais ! Un merveilleux menteur, courant sur les traces des grands menteurs de l'écriture. Je crois qu'il n'y a aucune raison pour ne pas mentir. C'est un exercice merveilleux. Les plus grands s'y sont essayés ? Il y faut de la finesse, de l'intelligence, de la ruse. Il y faut du métier. Tu avais tout cela. Tu aurais été, avec un peu plus de drames, un peu de guerres, un Malraux raffiné, un Malaparte exubérant. Dans le courant de la menterie, de l'invention, tu nageais sans peine. Tu te laissais porter au loin. « J'étais acteur et j'avais la passion du mensonge [1]. »

Et c'est ainsi : il faut te laisser partir, divaguer, toi l'extravagant. De toute façon, personne n'a su te retenir. Ni les femmes ni la mort. Alors tu t'éloignes pour nous parler de l'autre rive. C'est un continent particulier, un peu étrange, que celui où tu habites désormais.

Tu avais lu Pavese : « Ce que je dis n'est pas vrai mais trahit, par le seul fait que je le dis, mon être [2]. »

1. CRC, p. 70.
2. Pavese, *Le Métier de vivre.*

Il avait commencé par le théâtre. On a autour de vingt ans. On fait de fausses études. La vie paraît trop longue mais on ne veut pas qu'elle soit petite. Il était comme les autres, Philippe. Avec seulement, en plus, un goût désordonné pour la beauté des mots. Cette beauté l'emportait. Il n'en était plus tout à fait le maître.

« Je pense que le théâtre c'est ça : aller ailleurs, aller loin de soi [1]. »

Un comédien avait dit cela. Un comédien du Théâtre du Soleil, ce théâtre qui fut pour Philippe à la fois un noviciat et un accomplissement. C'est peu de dire qu'il y mit de la passion : il se mit lui-même en danger selon l'expression consacrée dans la tribu des funambules. Un danger d'écriture, d'affrontement avec le public, de choc brutal des caractères et des destins. Aventure humaine aussi, professionnelle, littéraire, physique, menée dans un âge où la vie prend la couleur et la forme d'un engagement définitif au service d'une seule cause.

C'est à l'ATEP [2] que l'on voit apparaître au début des années soixante les « pères fondateurs » du Théâtre du Soleil. Il y a d'ailleurs comme une usurpation, un abus de langage à parler de pères alors que la naissance et l'épanouissement d'une telle confrérie furent d'abord le fait d'une femme : Ariane Mnouchkine.

En ces temps-là, Philippe tourne autour de ses vingt ans. C'est un faune. Il est beau, avide, il est grec. Il a le pressentiment qu'il peut faire rire ou pleurer, rendre un peu plus baroque encore l'histoire des hommes. Il a envie de s'en emparer pour la faire sienne, la raconter autour de lui, « pleine de bruit et de fureur, et qui ne signifie rien... » (Shakespeare).

C'est le théâtre qui l'accueille, une discipline qu'il ne s'est jamais imposée auparavant, mais c'est une façon de donner à son corps un texte qui puisse l'habiter, une parole rendue vivante.

Dans ces années où la guerre d'Algérie hésite encore à trouver son issue, Philippe est à l'ATEP, après un passage au théâtre antique de la Sorbonne.

Il aurait aimé intégrer l'Ecole normale supérieure mais ses passions : la littérature dangereuse, les jeunes filles, n'étaient pas, telles qu'il les aimait, au rendez-vous des concours.

Monter sur les planches, élargir les bras sur des oripeaux d'occasion lui permettait par contre de maintenir intact cet esprit d'enfance qui fut – tout au long de sa vie – sa vraie richesse, son identité.

Au collège Sainte-Barbe, à l'ATEP, au Théâtre du Soleil, il avait besoin de spectateurs.

« Pour être acteur il suffit qu'il y ait du monde. Le reste peut se faire seul [3]. »

---

1. Duccio Bellugi, dans *Trajectoires du soleil*, Editions théâtrales, p. 158.

2. Association Théâtrale des Etudiants de Paris, fondée en octobre 1959 par Ariane Mnouchkine avec France Dijoud, Pierre Skira, Martine Franck. Roger Planchon en est le président honoraire. Jean-Claude Penchenat et Philippe Léotard en sont parmi les premiers membres.

3. PANR, p. 49.

Un type siffle dans le couloir du train, dans le gris du jour qui vient. On traverse des nappes de brouillard et on est encore un peu plus perdu que toi quand il arrivait que ton exubérance te fasse défaut.

D'un seul coup, au milieu de cette demi-nuit laiteuse, me vient une question : est-ce que parfois tu t'ennuies ? Dans ton nouveau job ça peut arriver. Il doit y avoir des moments où le temps ne passe pas. Il peut rester en travers de la gorge. Il se coince.

C'est dans ces moments-là que tu dois me prévenir. Je te raconterai des histoires drôles. Des histoires de la France d'en bas. Enfin... d'ici-bas. Je sais ce que tu vas me dire : « Tu n'as jamais su raconter des histoires ! » C'est assez juste. Je m'efforce, je mets en scène, j'essaie d'avoir l'air mystérieux, drôle... Arrive la fin : personne ne rit ! Par rapport à toi, je ne fais pas le poids !

Tu as remarqué que je te parle souvent dans mes voyages. Surtout dans les trains. Comme Cendrars tu aimais les trains. Il y a une histoire de fugue entre nous. Une traversée du monde, des terres qui s'éloignent, se dérobent, des regards enfuis...

Qu'est-ce que je peux te dire dans ce train qui se faufile au milieu du brouillard, parcourant une banlieue mal réveillée ?

Le type siffle toujours dans le couloir. On a du retard et maintenant c'est le jour. Pour la première fois de ma vie, moi si ponctuel, si attentif, je m'en fous. Je vais rater mon rendez-vous, et j'en rigole au fond de moi.

Maintenant il siffle du Brassens ! « Les copains d'abord... » Quelque chose comme ça. Bon, si tu t'ennuies, j'arrive. Tu sais, ça ne va pas durer très longtemps cette façon que nous avons d'être dans deux endroits différents. Nous avons jusqu'ici habité la même planète. Elle n'a pas toujours été accueillante. Alors en changer ce n'est pas un problème. On s'arrête juste de respirer. Tu connais ça, tu sais faire. C'est un jeu d'enfant.

Le type siffle toujours. Tu dois l'entendre, certainement. C'est toujours du Brassens. Je suis sûr qu'il a un rendez-vous amoureux. Dans quelques minutes, même avec un peu de retard, il saura que la planète est tiède et que les bras d'une femme, le matin, en sortant du brouillard, c'est une véritable enfance, un bonheur immérité.

Le train ralentit. Il y a des rails, des wagons d'acier, des poteaux, des fils électriques dressés dans le ciel – des tags qui nous accompagnent parce que tout cela est incompréhensible. C'est un univers de métal et de brume. Peut-être suis-je déjà dans un autre monde. J'ai dû être rattrapé par mon indifférence. J'ai trop dormi. Le voyage était d'un autre temps, celui des Grecs, des Egyptiens, celui de tous les hommes avant nous. J'aurais dû être plus attentif au brouillard.

Maintenant, sur le quai, je vois ta silhouette, au milieu des gens qui attendent les voyageurs. Tu viens vers moi ! Tu es si jeune ! Je crois que la nuit nous a réunis.

Le type siffle toujours.

Il aimait le travail. C'était une ascèse entre deux dérèglements. Travail sur le corps qui permet, en restant seul avec ses paroles, de peupler toute une scène. Travail sur la musique. Travail sur les mots.

Il aimait traduire. Shakespeare, Wesker, Sophocle... C'était une façon de franchir les siècles, de bondir hors du temps, d'être un peu plus léger. Mais le soir il y avait les boîtes, les femmes, les copains, et ce péril de la musique dans lequel il s'engouffrait. Alors comme toujours il se fatiguait. Il lui restait des traces d'une enfance où la maladie l'avait un instant convoqué. Son seul désir était d'en finir avec cette mémoire. Avec des mots. « Je fais de chaque mur un Lascaux de verbe [1]. »

Traduction de *La Cuisine* d'Arnold Wesker. Une pièce magnifique de réalisme et de force. Unité de temps, de lieu, d'action : un classique à ses yeux. Un théâtre de la révolte dans lequel le tissu mêlé de la misère sociale, de la pauvreté sexuelle, de l'oppression du travail se révélait au fil de la pièce dans une brutalité croissante. Il ne savait pas, en traduisant Wesker, qu'il allait être amené à jouer – en remplacement – le rôle principal. Mais il avait dû deviner. Ce rôle, c'était lui : un Allemand dragueur et rigolard qui explose, couteau à la main, dans la stupéfaction générale des cuisiniers, des serveuses et... du patron. Wesker avait réussi ce qui est le plus difficile au théâtre : le silence. Le silence qui interrompt la folie du « coup de feu », le silence qui devient grève devant l'inhumanité du boulot, le silence qui couronne la montée progressive des rivalités, de la colère, de la fatigue. Un silence à la fois individuel et social, une sorte « d'à quoi bon », de « foutez-moi la paix », de « je n'en peux plus », qui donne à l'absurdité sa résonance. Le silence comme antimatière dans l'univers du travail. Car il arrive parfois que l'on n'ait absolument rien à dire devant la bêtise ou la férocité du patron. [2]

Je me souviens que dans ce qui fut appelé « les années 68 », Philippe avait trouvé une place particulière, solitaire et joviale. Comme d'habitude à l'écart des foules, des engouements, des postures. Il participait à la révolte qui s'était emparé de la jeunesse, mais il le faisait à sa manière : en murmurant lorsqu'on criait, avec élégance au milieu du désordre, en choisissant, dans la poésie de la rue, ce qui convenait à ses rêves intérieurs. Il y avait des mots pour lui tout seul. Par exemple : « Jeunes filles rouges toujours plus belles ». Elles l'étaient sans aucun doute.

Il aimait Michaux : « Plus on est de sable, plus on a soif[3]. »

---

1. PANR, p. 16.

2. « Je leur donne du travail, je paie bien, non ? Ils mangent ce qu'ils veulent, pas vrai ? Qu'est-ce que je peux donner de plus à un homme ? Il travaille, il mange, je lui donne de l'argent. Ce n'est pas ça, la vie ? » (A. Wesker, *La Cuisine*, p. 119, Gallimard, « Du monde entier »).

3. Henri Michaux, *Œuvres complètes, Tranches de savoir* « La Pléiade », p. 604.

Je vais te dire : ta brouille avec Ariane, je la comprends[1]*. Tu n'as eu ni père ni patron. N'en faire qu'à sa tête, c'était une règle pour toi. Ne pas avoir de chef. Ni Dieu ni maître. Elle, elle dirigeait. Elle dirigeait tout. Les acteurs, les décors, les costumes, les traductions et naturellement la mise en scène. Et puis toi, ce qui était plus difficile.*

Vous aviez retenu un terme, une forme juridique qui fleurait bon le kolkhoze, ou le kibboutz : « Coopérative ouvrière de production ». Au début cela te plaisait. Tu en parlais quand tu revenais à la maison avec un mélange d'enthousiasme et de résignation. Il y avait, avant et après Mai 68, un air du temps qui ramenait vers la vieille Europe certains parfums rebelles. Vous respiriez une atmosphère cosmopolite : un peu de Trotski, un peu de Chine, un peu d'Amérique. Celle du Sud, naturellement. Le mélange Mao-Castro vous enivrait. Le Che était sur les murs et à la Sorbonne on entendait des proclamations étranges : « Richelieu, no, Guevarra, si » Pauvre cardinal !

Il faut donc s'interroger un instant sur cette coopérative, un peu tyrannique à tes yeux. Du despotisme éclairé. Mais tu gardais ton admiration pour le travail d'Ariane.

« Les petits-bourgeois » de Gorki, c'était une façon de vous désigner vous-mêmes, de vous combattre, de jeter par-dessus bord une pratique trop formelle du théâtre : un homme arrive sur la scène avec un costume et récite un texte. Vous n'en vouliez plus. Il fallait que le théâtre soit au cœur du monde, de la souffrance humaine, de la beauté aussi. Beauté des corps qui dansent, beauté des gestes et du rire. Il fallait surtout ne pas mentir, ouvrir les loges, démasquer le maquillage, démonter la magie artificielle des bonbonnières au velours grenat, aux fauteuils profonds. Mais ne pas mentir, est-ce vraiment « jouer la comédie » ?

Vous saviez bien (ce n'était pas drôle à méditer) que les petits-bourgeois étaient devant vous, dans le public. Enseignants, cadres moyens, étudiants, professions libérales, quel-

ques notaires... Où étaient passés les ouvriers, les paysans? « Montez de la mine, descendez de la terre, camarades... » Le Chant des partisans *était dans vos têtes mais la guerre était loin.*

Elle s'est rappelée à vous, un matin à la Saline d'Arc-et-Senans où vous aviez formé une sorte de phalanstère.

Les troupes soviétiques venaient d'envahir la Tchécoslovaquie. C'était pendant l'été 1968. « Et on s'est tous mis à chialer. Fin du printemps de Prague alors que je vivais l'été de ma vie! Le coup de poing dans la gueule. Je crois n'avoir jamais autant pleuré dans les bras d'une femme[2]*. »*

---

1. « Ariane Mnouchkine a tout déclenché en moi mais elle a su couper le cordon ombilical à un moment donné, sous prétexte qu'elle avait tout déclenché; c'est pourquoi je l'ai quittée. » (JLM, p. 125).

2. JLM, p. 60.

Il était pessimiste et rieur. Au fond c'était la seule position inconfortable dans laquelle il pouvait se sentir à peu près à l'aise.

« Le mal est juste, disait-il, comme un couple est solitaire [1]. »

Il n'y a aucun paradoxe dans la vie puisqu'elle-même est paradoxale : un long mouvement symphonique vers la mort, un mensonge de qualité soutenu par les privilèges exorbitants du bonheur.

« La fin n'est jamais la fin pour le menteur [1]. » Philippe était un homme englouti. Il répétait sans cesse, dans le secret de ses branchies, la noyade du *Grand Bleu.* Il n'avait pas dû voir le film mais s'était promené vers les profondeurs avec ses amis dauphins : Dewaere, Truffaut, Coluche, Signoret... un petit monde qui s'était éclipsé sous nos yeux. Un comédien doit toujours arrêter la vie avant qu'elle ne disparaisse. C'est sa fonction sociale, son honneur.

Il avait du plaisir à adapter Shakespeare pour le Théâtre du Soleil. Il prenait probablement pour lui ces dialogues du *Songe*[2] :

FLÛTE

S'il ne vient pas, la représentation est dérangée. Elle ne peut plus marcher, pas vrai ?

LECOING

Impossible. Vous n'avez que lui, dans tout Athènes, capable de jouer Pyrame.

FLÛTE

Non ; c'est lui qui a tout simplement le plus d'esprit de tous les artisans d'Athènes.

LECOING

Oui, et puis c'est le vrai personnage du rôle : un parfait galant pour la douceur de la voix.

FLÛTE

Un parfait talent vous devriez dire ! Un parfait galant, Dieu merci ! est un propre à rien.

Flûte est raccommodeur de soufflets. Lecoing est charpentier. Dans *La Cuisine* Peter (Philippe) est cuisinier.

Ce ne sont pas des intellectuels, les comédiens. Ils sont là pour faire apparaître, au milieu de nous, le monde et sa bizarrerie. Ils n'ont pas d'explications à donner. Pour eux pour Philippe, le monde est inexplicable. Alors il faut tenter de le délivrer comme on le fait d'un colis, d'un prisonnier, d'un message éventuellement. Mais ça c'est plus rare.

Il avait dit dans une interview : « Les pièces à thèse, à message, m'emmerdent. Sauf Adamov [3]. »

Et c'est vrai qu'il n'y a pas de message dans sa vie. Des images sans doute. Des lacunes, des trous noirs, certainement. Mais surtout des odeurs de bonheur, des couleurs de peau, des bagarres, une rage à exister. Et puis des mots qui peuvent dire plusieurs choses à la fois. C'est leur mystère et leur honneur.

C'est quoi exactement un message ?

1. PANR, p. 73, 72.
2. *Le Songe d'une nuit d'été,* « La Pléiade », p. 1192.
3. *Biba,* avril 1983.

Tu sais, j'ai écouté tous les Requiem. Les gens pensent le contraire mais c'est la musique de la vie. Ils aiment la mélancolie vague, ils évoquent un vieil au-delà. Moi je dis que c'est à ce moment-là que l'on parle de nous. De nous comme d'une histoire qu'il faut toujours recommencer.

Il ne faut pas dire « Jérusalem » mais « Yeroushalaïm », il ne faut pas s'éloigner de ce qui nous a fondés, il ne faut pas oublier la musique étrange de la mort, ni sa vibration millénaire. Elle est comparable à celle de la naissance. Céline disait : « C'est naître qu'il aurait pas fallu. » Il commençait par le début. Moi, je commence toujours par la fin. C'est à ce moment que l'on s'aperçoit que les choses ont vraiment mal tourné. Je dis les choses. C'est un mot français qui remplace tous ceux qu'on ne trouve pas, qu'on ne sait pas dire.

Toi, tu comprends : Fauré, Brahms, Mozart, Ockeghem, Du Caurroy, Lotti, Schütz, Verdi, tous les Requiem de la terre, tous les Livres des morts, tu les avais dans la tête. Avec la révolte contre ce qui, en nous, est toujours insuffisant : les mots, la musique, les gestes et les regards, la danse...

Pourquoi tu m'as laissé tout seul, avec ça ? Ça : la vie. Ça : Michaux que tu lisais dans tes moments d'hôpital, ça, Gengis Khan qui voulait « entrer à cheval dans la mosquée de Samarkand ». Ça, la joie. Ça qui était la vie juste au moment où son exaltation nous met dans la situation de la perdre. Corps et biens, comme disent les marins. Mais les biens, c'est pas grave. Tu me diras : les corps non plus. Alors qu'est-ce qu'il reste ?

Peut-être la mémoire qui s'efface, le souvenir des femmes de jadis, qui sont les derniers témoignages de notre gloire de garçons. Car rayonnants nous étions. Et possesseurs. Et vivants. De tout notre sang épargné par les guerres, de toutes nos bagarres, de tous les bistrots envahis, les soirs de brume, les matins d'exception.

« Je suis incompatible avec la mort. Elle n'aura que les restes[1] *»*

1. CRC, p. 178.

La petite chambre verte, c'était l'endroit secret où il cachait ses amis. L'endroit des photos que l'on affiche pour soi seul parce qu'elles ont un passé silencieux. Des bijoux en noir et blanc, des visages auxquels il tenait pour ne pas disparaître lui-même.

« Quand je vais très mal, j'ouvre la porte, j'y rentre mon visage, comme ça je peux pleurer sans qu'on me voie. Je reprends des forces en leur parlant : les enfants, ne me laissez pas tomber [1]. »

Les enfants ? Truffaut, Céline, Coluche, sa fille Laetizia, son fils Frédéri, nos parents. Des photos qui jaunissent dans l'ombre. Patrick Dewaere, il l'avait transféré dans sa loge des Amandiers. « J'en avais plus besoin là-bas [1]. »

Là-bas, c'est le théâtre de Nanterre, là où Ahmed, le veilleur de nuit, l'appelle Filotard.

La chambre verte c'est une grotte, un pont des soupirs, le musée des amis disparus et des enfants échappés. Le malheur, ça ne se partage qu'avec des photos. De Patrick Dewaere il ne restait qu'un bout de papier jauni, témoin des angoisses communes [2].

Il n'y a pas Nathalie Baye. Les seules femmes ici sont celles de la famille : la mère, la fille, des femmes qui l'ont laissé grandir et qu'il n'a pas eu à séduire.

Il est là, devant ces icônes et doit réfléchir à sa vie. « Déjà, en moi, les gens que j'aime sont installés comme des souvenirs [3]. » Depuis l'ATEP jusqu'à l'accident du Maroc qui matérialisa, de façon cruelle, sa disparition de la scène, il y a matière à se souvenir. Dans la chambre verte, qui devait être une sorte de placard, il revoit les premières années du Théâtre du Soleil, l'ardeur conquérante des débuts, l'amitié de Jean-Claude Penchenat [4]. Il ne regrette pas la rupture avec Ariane Mnouchkine, mais sans doute repasse devant ses yeux la troupe hétéroclite, nomade et joyeuse du *Capitaine Fracasse*, les draps tendus en forme de décors, le panache et la pauvreté associés dans la même errance, les spectateurs frigorifiés. Peut-être revoit-il cette troupe avec l'idée du temps gaspillé, de la jeunesse perdue. S'il y avait eu un miroir au fond du placard, il aurait comparé son visage raviné avec celui, si lumineux, des premiers films. Ceux dans lesquels, comme « un marin à terre », il mettait ses épaules au service d'un tangage fraternel et rigolard [5].

---

1. JLM, p. 120.
2. « Plus d'une fois ils se sont retrouvés face à face, devant un verre jusqu'à l'aube. Et, subitement, au même moment, comme deux jumeaux, ils terminaient la soirée par un même geste : les deux bras qui s'élèvent au ciel dans un mouvement d'impuissance, la même phrase venant en même temps à leurs lèvres " Maman, c'est trop grand " » (Pascal Giovannelli, *France-Dimanche*, 7 mars 1983).
3. PANR, p. 74, « Dans la chambre verte ».
4. Jean-Claude Penchenat est l'un des fondateurs, avec Philippe, de l'ATEP, et l'un des neuf fondateurs, toujours avec Philippe, du Théâtre du Soleil (voir la note précédente).
5. « Si mon frère François bouge d'avant en arrière, moi je chaloupe sur scène, à la maison, au bistrot, partout. Je crois que j'ai raison d'assimiler ma façon de me tenir à une forme de frustration de la marine. » (JLM, p. 28).

« ... Navires attachés comme aux portes des terres
« Bateaux banlieues d'Asnières ou de Gennevilliers
« Bâtiments de Montreuil, bâtiments de Nanterre
« Levez l'amarre et hissez la voile : c'est l'été[1]*. »*

C'est la banlieue, c'est l'été, c'est en 1965. C'est le capitaine Fracasse, et tu te fais plaisir, ce qui est globalement, il faut le reconnaître, ton système de vie. Ou plutôt ton absence de système. A ce moment-là, « in illo tempore », diront plus tard les fidèles, les prosélytes de la nouvelle troupe, nous sommes au tout début du Théâtre du Soleil.

Cela se passe à la Maison des Jeunes et de la Culture de Montreuil. C'est une manie à cette époque : on installe des majuscules partout. C'est une façon de donner à Maison, à Jeunes et à Culture, une estampille républicaine. On est encore un peu solennel à Mon-

treuil. On parle du Théâtre à la manière des Mairies, des Tribunaux, des Commissariats...

Contre Nous De La Tyrannie...

Tu maugrées. Cela ne te plaît pas, ces majuscules. Mais il faut bien s'y faire. La République n'est jamais discrète. Elle fanfaronne.

Avec celles des petits-bourgeois de Gorki, les répétitions se font là.

Tu as transformé le gros paquet de Théophile Gautier en une histoire plus légère, faite pour les baraques foraines, pour les places publiques, avec des bouts de ficelle. Tu t'aperçois que l'alexandrin se porte assez bien en plein air. On est à Gennevilliers[2].

Comme les petits-bourgeois marchent bien (nous sommes avant Mai 68 et ils sont plutôt majoritaires...), le Soleil décide de se déplacer. D'ouest en est pour une fois. En janvier 66, tu es au théâtre Récamier. Je me souviens : toute la famille est là, les yeux écarquillés pour voir le fils à la fois prodige et prodigue. Heureusement qu'il y a la famille parce que le public est... clairsemé.

Pendant l'été 66 ton tropisme solaire s'épanouira dans le Midi où le spectacle se fait gyrovague. Ce n'est pas si mal d'ailleurs puisque vous réunirez environ quatre mille spectateurs sur cette pièce. Et certainement parmi eux quelques anciennes maîtresses... du temps où tu étais provençal !

Mais ce n'est pas là le plus important. Ce qui sera retenu, malgré le silence assez pesant de la presse, ce sera la référence à la « commedia dell'arte », les toiles de Roberto Moscoso qui flottent au vent, le refus d'un théâtre traditionnel, avec ses fauteuils, ses luminaires, son enfermement dans un lieu réservé et protégé. Ce qui vous aura réunis, ce qui vous aura réjouis, toi et tes comparses (parmi lesquels Liliane, ta première femme qui s'occupait des costumes), ce seront les rodomontades de Matamore et son corps gelé au pied d'un arbre, les personnages du Pédant, du Léandre, du Scapin, du Tyran tragique et de Tranche-Montagne. Tout ce petit monde, pauvre et fiévreux, se laissera emporter sur une charrette à la recherche du bonheur de jouer.

Tu as vingt-quatre, vingt-cinq ans, la vie commence à peine, tu répètes le mot de Théophile Gautier (c'est quand même lui l'auteur...) sur Scarron lorsqu'il évoque « l'histoire éternelle de la jeunesse et de ses illusions ».

Je crois que tu as aimé tes illusions.

---

1. Ph. Léotard, Présentation du *Capitaine Fracasse*, Théâtre du Soleil.

2. « Les costumes s'achèvent dans l'après-midi qui précède la représentation. La fin n'est pas trouvée. On hésite entre deux versions. Elles seront jouées ou plutôt improvisées à la suite : le spectacle n'arrête pas de finir. Il est donné au milieu d'une fête foraine, les acteurs doivent s'égosiller pour que leurs voix ne soient pas couvertes par les tirs à la carabine ou la musique ambiante. » (*Le Théâtre*, Bordas, 1989, p. 213).

Il aimait et savait raconter des histoires. Probablement la Méditerranée, féconde en conteurs, en aèdes de places publiques, avait déposé en lui ce goût du récit inventé, en général marqué d'une grande démesure verbale. Le tout accompagné de gestes, d'exclamations, de regards, provoquant tour à tour la stupeur et le rire. Un baratineur, diront les mauvais esprits.

Exemple parmi tant d'autres... Un soir, devant un petit cercle de copains, quelqu'un raconte ce qui est arrivé à l'un de ses proches, victime d'un accident de la route. Il explique que la perte d'un membre – un bras, une jambe, une main – laisse à l'accidenté une douleur dans l'espace, à l'endroit vide où cette partie du corps a disparu.

Philippe écoute avec attention, partage visiblement la tristesse d'un tel récit, semble approuver en silence cette mystérieuse solidarité du corps avec ce qui lui a été arraché...

Et dans cette atmosphère de compassion mutuelle, dans la perplexité qui creuse les visages, on entend, marquée d'un fort accent parisien, sa voix éraillée : « Dis donc, mon vieux : Louis XVI, la migraine ! »

C'était sa façon de détruire le mal par la parole. Il avait en partage avec Coluche cette conviction que la lutte contre la bêtise, le racisme, la souffrance, la dégradation du monde et des humains, passait par la force violente et libératrice du rire.

A peine caché dans cet usage de la dérision, il y avait chez lui le désir de trouver dans le rire de l'autre une brève communion contre l'absurde. C'est sans doute par le rire qu'il est devenu acteur.

Il faut dire que dans la décennie 1950-1960 le peuple comédien s'était choisi une sorte de triumvirat un peu austère – Vilar, Brecht, Planchon – pour accomplir sa rupture avec le théâtre « bourgeois ». Il y avait de l'éducation dans l'air et des coups de règle sur les doigts. Les salles de théâtre n'étaient pas très éloignées des salles de classe.

Le Théâtre du Soleil apportera à la pratique des comédiens une coloration plus festive, moins dogmatique. Il se mettra en quête d'un « nouveau langage théâtral » (J.-Cl. Penchenat) qui donnerait au plaisir des acteurs et du public toute sa place. Au rire aussi.

Un nouveau langage qui, selon Laurence Labrouche [1] ne pouvait être « celui du discours du maître, lequel, quelle que soit sa teneur, conduit immanquablement celui qui l'écoute à la soumission ».

C'était une manière, tout en retenant ses leçons, de tourner poliment le dos au triumvirat...

Peu doué pour exiger des autres une quelconque soumission, assez rétif à la conception du théâtre comme « service public », Philippe suivra son chemin insolite, attaché davantage, comme on le devine, à son autogestion, à son autodérision, qu'au travail collectif d'une coopérative ouvrière.

Il continuera à raconter des histoires...

---

1. L. Labrouche, *Ariane Mnouchkine, un parcours théâtral*, L'Harmattan, 2001.

Le théâtre, pour toi, c'était une façon de faire monter le spectateur sur la scène, de partager avec lui un moment de mensonge. Tu voyais le rire, les larmes, l'étonnement, la bouche ouverte, les sens élargis chez ceux qui étaient assis. Une magistrature du regard qui te couvait des yeux. Mais tu ne voulais pas que ces juges soient éloignés de toi. Il fallait qu'ils passent la tête dans les coulisses. « Ne soyez pas dupes. Tout cela est un jeu. Je suis moi-même mon propre avocat. Le plus brillant. Le seul qui connaisse le secret de son cœur. » Ainsi disais-tu dans le silence de ta loge, face au miroir.

La vérité c'est qu'on ne peut pas jouer tout seul. Tu ne voulais pas imaginer un délit sans public. Une infraction qui resterait secrète. La transgression te plaisait si elle était étalée devant tout le monde. Quel est l'artiste qui n'est pas exhibitionniste ?

Mais celui qui montre tout est difficile à décrire. Il montre pour cacher. C'est un faussaire au grand jour et tu l'étais un peu plus que d'autres, racontant la Légion où tu n'avais jamais mis les pieds, les aigles de notre grand-père qui volaient dans ta tête seule...

Fiche de Police. – Né de théâtre inconnu... Signe distinctif : parle tout seul. Attention : public amoureux. Peut devenir dangereux, le soir. Voir avec Socrate : doit sans doute corrompre la jeunesse. Faiblesses : les femmes, l'alcool. Sait utiliser les forces de l'ordre, pour son divertissement, pour leur plaisir.

Pour toi les renseignements sont toujours généraux. Ta fiche de police, tu aurais pu la rédiger toi-même. Comme tout le monde : à la fois flic et voyou. Mais sachant qu'entre les deux il y a le clown, qui n'est ni l'un ni l'autre. Tu te spécialises dans le délit de fuite. Tu es livré à toutes les bavures. Tu t'en moques carrément puisque tu te moques de tout. Tu oublies aussi. « ... Ecrire, c'est quelque chose comme raconter l'histoire de ses oublis[1]. » *Devenu acteur reconnu, tu oublieras de rappeler ces années de jeunesse au cours desquelles tu jouais* Noces de sang *de Lorca et* Gengis Khan *d'Henri Bauchau*[2], Liola *de Pirandello.*

« On me parlait de loin, je répondais de haut, j'ôtais pas mon chapeau[3]. »

1. CRC, p. 28.
2. *Le Théâtre*, p. 210.
3. Chanson.

La Cuisine est créée à Paris au début du mois d'avril 1967. « Un trois-étoiles », écrira *Le Nouvel Observateur*[1]. Nous sommes au cirque Montmartre. La presse est bonne, la critique est venue, la chrysalide Soleil se mue en papillon. Encore fragile, certes, mais qui s'envole sous des yeux étonnés. Philippe est heureux. Il a adapté une pièce qui avait déjà été jouée à Londres mais jamais en France. Il s'éclate, comme on dit aujourd'hui. Ce n'est pas l'argent qui l'intéresse et il doit recevoir avec un certain détachement les mille cinq cents francs par mois que lui verse la coopérative ouvrière de production. Le kibboutz fonctionne comme prévu : travail, rigueur, pauvreté. Les personnalités sont fortes. On est au début d'une aventure. Il faut bien payer le loyer du cirque Médrano, il y a des dettes, mais ça marche. Il a fallu emprunter pour monter *Le Capitaine Fracasse*, et c'est le succès de *La Cuisine* qui va permettre d'éponger le passif. Tout cela avance, dans une ferveur partagée.

Dans l'ombre, dans les esprits, la crise de Mai 68 s'annonce. Je dis « la crise » faute de mieux : ce ne sera pas une révolution mais plutôt un rejet. Rejet du travail, de l'ordre, des institutions, rejet instinctif et, pour certains, poétique, d'une société marchande dont le caractère inévitable pousse à la rupture. Y a-t-il un autre monde possible, une autre société ?

A sa manière, violente et réaliste, la pièce de Wesker pose, avec un temps d'avance, ces questions.

Elles étaient déjà, depuis 1951, dans l'esprit et les écrits de Vilar, depuis 1955 dans ceux de Planchon. Mais on trouve dans le texte d'Arnold Wesker, que Philippe a médité et traduit, quelque chose d'autre. Quelque chose de moins mécanique, à une certaine distance de la lutte des classes proprement dite, et déjà proche de ce désir de liberté dans le langage et dans l'amour, de ce désir d'utopie aussi que l'on retrouvera un an plus tard dans les rues de Paris.

Mais à la racine de cette rupture il y a ce qui est désormais perçu comme une violence : la violence faite à l'homme par le travail.

Wesker : « Tous ils cherchaient la bagarre. Tu mets un type dans une pièce avec des assiettes toute la journée – des assiettes à laver, des poubelles dégueulasses à vider, des sols à balayer – qu'est-ce qu'il a d'autre à faire ? Il veut se bagarrer. Faut bien qu'il trouve le moyen de montrer qu'il est un homme. Alors tu peux pas lui en vouloir [2] ! »

Cette violence, elle allait à Philippe, au Peter de *La Cuisine*, comme au personnage qui s'appelle « Prof » dans *American Buffalo*, la pièce de David Mamet. Il aimait la vie avec violence [3]. Il dira beaucoup plus tard : « Il est vrai que j'ai versé dans tout avec véhémence [4]. »

1. Françoise Kourilsky, n° 127.
2. *La Cuisine*, p. 31.
3. « Chaque soir, un peu après 23 heures, Léotard en a assez d'envoyer des coups de poing et des coups de gueule dans le vide, alors il se met à démolir le décor, tout ce qui lui tombe sous la main, et à cogner sur le jeune Bierry. » (M. Cournot, *Le Monde*, 4 octobre 1986). A propos de la pièce *American Buffalo*.
4. CRC, p. 180.

Surtout ne te fâche pas. Je te fais parler mais on a toujours fait ça tous les deux. Moi j'écoutais...

Tout le monde sait que tu as aimé le Théâtre du Soleil et qu'Ariane fut sur ta route un maître. Sévère, sans aucun doute, autoritaire et lucide certainement, mais un maître. Tu n'aimes pas les maîtres, tu as donc trouvé un autre mot : « J'ai toujours eu besoin d'un catalyseur et, avec Ariane, j'avais trouvé le plus grand du monde [1]. »

Après ta traduction de La Cuisine, *Ariane te demande de remplacer un comédien blessé (J.-P. Taillade) qui se trouve à l'hôpital. Ton rôle sera celui de Peter, l'homme par lequel, dans cette cuisine, fermée comme un enfer, le scandale arrive, le magnifique scandale de la révolte* [1].

Ariane : « Oui, je sais, tu ne seras jamais acteur, tant pis pour toi, c'est con, mais si tu pouvais me rendre ce service [2]... »

Tu quittes alors le collège Sainte-Barbe. « C'est à ce moment-là que j'ai préféré le non-savoir au savoir... C'est à cette pièce, La Cuisine, *que je dois le plus immense et fabuleux souvenir de ma vie*[2]*. »*

Quitter l'enseignement parce que tu devines que tu ne sais rien ? C'est plutôt honnête. Que peut-on enseigner lorsqu'on ne sait rien ?

Les élèves de Sainte-Barbe vont te regretter. Ils t'aimaient bien : tu étais un prof hors normes, prof d'avant 68, pas encore copain mais laissant l'esprit de sérieux au milieu du gué, convaincu qu'il y a du plaisir à apprendre, du plaisir à raconter, et surtout du plaisir à partager tout ce qu'on ignore. Et La Cuisine, *c'est un sacré cadeau pour ces jeunes que tu emmènes le soir avec toi.*

Alors inutile de te dire que j'ai relu tous les commentaires de l'époque ! Maintenant que les journalistes, les critiques, les admirateurs ou les ricaneurs te laissent tranquille (et moi aussi !), je te fais une petite revue de presse. Cela te permettra – il y a quelques illustres auprès de toi, quelques glorieux – de ne pas te décourager. Dis-leur bien que c'est toi qui as fait l'adaptation ! « Une vérité hallucinante » (L'Officiel des spectacles) ; *« très heureuse surprise »* (La Croix) ; *« le spectacle le plus abouti de la saison, une qualité d'invention et de réalisme rarement égalée »* (Le Monde) ; *« remarquable »* (Aux écoutes) ; *« pleinement réussi »* (Témoignage chrétien).

Bravo, frère ! Ne te laisse pas marcher sur les pieds !

1. « Les martyrs du filet de sole », écrira Monique Vassal, dans *Aux écoutes*, soulignant « l'excellence de la mise en scène d'A. Mnouchkine, qui dirige les évolutions de ses trente et un acteurs avec la précision d'un Béjart, l'imagination d'un Lavelli, l'originalité enfin d'une Mnouchkine. »

2. JLM, p. 54, 55, 56.

La collision entre Mai 68 et le Théâtre du Soleil est aussi éloignée d'une apocalypse que d'une histoire d'amour. Naturellement, les comédiens, Ariane elle-même, Philippe avec eux, veulent pénétrer, pour la comprendre, cette période qui oscille entre fête, révolte, imagination, course-poursuite avec la police. Plus profondément, ils s'engagent dans la quête patiente et toujours déçue d'un monde ouvrier insaisissable. Ils s'interrogent sur ce que peut être un théâtre populaire qui laisserait dans son échec le peuple en ses usines et le comédien dans ses décors.

Le « deadly theatre » évoqué par Peter Brook, c'était le théâtre de la bourgeoisie, avec ses fauteuils en velours grenat, ses lumières d'un autre siècle, son enfermement dans un lieu confit en dévotion. Il fallait faire sortir la parole, le geste, la mise en scène, les costumes, les spectateurs eux-mêmes du musée Grévin.

Toute cette fermentation, tous ces refus étaient à l'œuvre dans l'esprit d'Ariane Mnouchkine et de ses comédiens. Philippe les partageait mais d'une manière plus lointaine et, sans aucun doute, plus individuelle. Sa ligne de conduite restait le rejet profond, instinctif, de l'esprit de sérieux, du dogme. Son comportement frondeur s'édifiait aussi contre les frondes.

En février 1968, quelques mois avant la déflagration estudiantine, ce n'est pas une pièce de Brecht que Philippe adapte. C'est *Le Songe d'une nuit d'été*. Shakespeare était plus proche de « l'esprit de Mai » que Marx... Qui en doute aujourd'hui ?

Que disent d'ailleurs, à cette époque, *L'Humanité* ou *Le Monde* ? « Assaut de désirs incertains... tourments enfouis dans la chair [1]... », « Descente vertigineuse dans les abîmes de notre inconscient... dualité profonde de notre être... instincts contradictoires... chimères nourricières [2]... »

Aucun sociologue, aucun journaliste, aucun homme politique n'avait prévu ce qu'allait être

Mai. Les comédiens, eux, avaient deviné que la vraie lutte, c'était la lutte des désirs... *Le Songe d'une nuit d'été*, dans cette fin d'hiver 1968, c'était comme un pressentiment.

1. Bertrand Poirot-Delpech, *Le Monde.*
2. Philippe Madral, *L'Humanité.*

Mon enquête me semble irréelle. Il n'y a pas de traces de toi. Je veux dire de toi tout seul. Tu existais à travers les autres. Tu étais tellement heureux d'être un humain que chaque piste suivie par chaque homme était un peu la tienne. Elles s'enchevêtraient et tu t'es pris, toi-même, dans cette multitude de pas. Tu t'es perdu. Mais je ne sais pas où. Au bout d'un moment, il n'y a plus d'indices.

Lorsqu'un enfant se perd dans une forêt, on crie pour le retrouver. Vers qui pourrais-je crier aujourd'hui ?

Tu te souviens de ma fugue, à douze ans ? Tu étais le seul à ne pas t'inquiéter. Tu rigolais. Les parents étaient affolés. Ils envoyaient des messages à la radio. C'est au commissariat qu'ils m'ont retrouvé. J'ai encore à l'esprit cet univers bleu et noir fait de manteaux accrochés, de ceinturons, le carrelage, les pistolets... Et dans ma mémoire, le goût du saucisson qu'ils m'ont donné à manger. Il était cinq heures du matin, c'était le jour de mon anniversaire! Je n'avais emporté qu'un cartable. A l'intérieur : trois paires de chaussures!

Toute la journée tu avais dit aux parents que je ne pourrais pas aller bien loin, que l'on me retrouverait rapidement. Il suffisait d'attendre.

Tu avais raison : c'est dur de s'enfuir vraiment.

Ta fugue à toi, elle me semble un peu plus lourde de conséquences. Je ne rigole pas, moi.

La terre est froide, tu sais. Tu l'as habitée. Elle n'a pas beaucoup changé. De nouveau, on ne parle que de guerre. De nouveau, on manifeste et ça ne sert à rien. De nouveau, les soldats s'en vont comme des enfants...

Il y a quand même une bonne nouvelle : un acteur noir vient d'entrer comme sociétaire, à la Comédie-Française. Ce n'est pas beaucoup pour tout un continent, mais je crois que tu aurais aimé. Je ne te l'apprends pas : parfois, on est à soi seul un continent.

Alors, dis-nous comment tu dérives, au moment où dans mes mots, mes souvenirs, je me laisse aller, je fugue...

A propos, tu sais ce qu'il avait dit, l'acteur noir, dans le journal que tu n'as pas encore reçu ?

« C'est la pluralité des oiseaux qui fait la beauté du monde. »

La vie n'est pas drôle. Mais qui pouvait penser qu'elle le serait un jour ? Il avait probablement fait le tour de sa vie comme on le fait d'une question. Comme on le fait d'un château avant d'y porter le fer et le feu. Un assaillant. Mais, chose étrange, devant lui : pas un seul défenseur ! Pourquoi penser que magiquement, lorsque vient l'angoisse, pourrait surgir du désert qui nous entoure le point d'eau, la fleur étrange, le mouvement d'une branche, qui nous rappelleraient la présence, fût-elle souterraine, de la vie ?

Philippe était passé par les trois étapes de son étonnement. Avec le théâtre, il avait voulu dire sa joie d'exister, le bonheur qu'il y avait en lui d'être avec ses bras, ses jambes, son corps, un homme parlant, jouant, un homme qui donnait en spectacle ses reproches, ses doutes, ses enfantillages.

Avec le cinéma, il avait aimé, adulte, toutes

les femmes de son âge d'or. Elles étaient plus belles encore que celles de la vie. Et puis, on pouvait jouer aux gendarmes et aux voleurs. On pouvait avoir sa gueule des bons et des mauvais jours. Faire le flic ou le maquereau. Le regard, le mouvement du sourcil ou des épaules, ça se voyait en plein écran, dans la nuit des salles, devant les yeux des gens qu'on ne rencontrerait jamais.

Avec la musique, on s'approche de la fin. Le chant, c'est toujours celui du cygne. Il n'y a rien qui soit plus proche de notre amertume que cette déraison de la mort et de la chanson. Alors on chante ou on siffle pour retarder l'évidence. Lorsque Dewaere est mort, il a dit simplement : « Patrick a pris la balle, moi j'ai pris la poudre... » On se met à pleurer parce qu'il n'y a plus rien d'autre à faire. « Avec le temps... » Et le temps est à l'intérieur de soi, un renard qui vous mange le foie, un rat. Personne n'en sort indemne. Il pèse, s'installe, occupe tous les morceaux du corps. Il insiste et l'on finit par céder, par répondre à son appel. On acquiesce parce qu'il est beaucoup plus fort que nous. Quelle ignorance, quelle jeunesse avaient pu nous faire croire que cette bataille-là nous pouvions la gagner ?

Il a eu raison Philippe, « survivant interminable [1]. » Montherlant, Pavese, Nerval, Hemingway, tant d'autres, les obscurs, les sans-grade... on sait contre quoi ils se cognent. C'est une question d'orgueil, de bel orgueil. Ils ont leur place. Celle du malentendu.

« Ma vie est plus grande que moi, plus âgée [1]. »

1. CRC, p. 93, 81.

Maintenant les souvenirs affluent. Les souvenirs de tes histoires. Une certaine Mme Schneider, dans un hôtel, le soir d'un tournage. Tu m'as raconté. Je n'y croyais pas trop. Et pourtant, cette femme... Sa solitude...

Un nom de machine à laver, de mixer pour fête des Mères, un corps de jeune princesse boudeuse, un prénom gitan, une moue, un accent d'Allemagne, une petite fille...

« C'est en racontant qu'on invente[1]*... »*

Tu m'as dit : c'était une vraie star. Personne n'en doutait. Elle a mis fin à ses jours longtemps après. Et toi, au fond de ta tête, ruminant parmi les nuages : est-ce qu'on peut mettre fin à ses nuits ?

L'espace d'une solitude, on doit pouvoir aimer... A la folie ou pas du tout.

Ce que tu découvres avec Romy, c'est le goût de cendre, le gris amer des soirs de tour-

nage. La petite ville de province, sa tristesse, la pluie, les gens endormis... La chambre d'hôtel où l'on ne parvient même pas à rêver[2].

Bien sûr, avant, tu as bu. Beaucoup probablement. Et puis tu m'as décrit la scène : le téléphone est là, à côté du lit... On connaît le numéro de l'autre chambre, celle où elle dort. Enfin, où elle essaie.

Toute la journée vous étiez devant les caméras. Cette lumière n'est pas la vraie lumière... Alors maintenant, dans la nuit, on entend le silence de l'autre, au bout du couloir de l'hôtel.

On est en 1971. Max et les ferrailleurs, *c'est une histoire de zonards, de paumés. Les voitures sont volées. La police c'est Piccoli, un ancien juge, et Romy c'est Lily, celle qui va venir dans un instant ou que tu vas retrouver, je ne sais pas. Tu n'es qu'un jeune comédien. Les stars, ce sont les autres. Mais ta façon d'aimer les femmes, toutes les femmes, c'est un appel au secours. Elles le devinent. Les paumés, ce n'est pas toujours du cinéma. Alors vous vous êtes retrouvés. Mais je ne pense pas que cela ait duré un peu plus que la nuit elle-même.*

« Je me suis reproduit par séparations, et j'ai dû aimer, à chaque fois, à toute force, toutes mes vies... Je ne suis que le passager du pire de ma peau, responsable sans pouvoir de mes peines perdues[3]. »

1. PANR, p. 127.

2. « Comme quand on joue au théâtre et qu'on est en tournée, qu'on se retrouve, tout seul, un dimanche après-midi, à Thionville, en novembre, et qu'on est sorti de son hôtel pour évaluer la différence des vides : entre dehors où on connaît personne, et dedans où on n'est pas chez soi. » (CRC, p. 119).

3. PANR, p. 10.

« Un homme de cœur... c'est un homme qui considère la misère des autres comme une vacherie personnelle qu'on lui fait [1]. » Frédéric Dard avait bien compris le personnage de Coluche dans *Tchao Pantin* de Claude Berri.

Pavés luisant sous la pluie, lumière de station-service, décors de Trauner, métro aérien, bout du monde... et sur tout cela des hommes qui n'arrivent pas à se parler.

C'est Coluche, avec ses rouflaquettes, sa pesanteur, son air absent qui domine, par son humanité, toute l'histoire. C'est lui qui dit pour nous tous, pour chacun d'entre nous : « Fais gaffe », quand il ne veut pas que ça se dégrade, quand il découvre qu'Anconina-Youssef, avec ses yeux tristes de jeune paumé, petit dealer, petit voleur, c'est peut-être un type bien. En tout cas, on a envie de lui dire « Fais gaffe » à Youssef, tout au long du film.

Jusqu'à ce qu'il meure. Malgré tous les « Que sais-je ? » qu'il a accumulés dans sa chambre.

Lambert-Coluche, le pompiste de Belleville, lui, boit du gros rouge au goulot et ne parvient pas à oublier la mort de son fils, tué par la drogue. Lambert qui s'est enfoui dans sa vie brisée, un peu sordide, mêlée à l'essence et à l'alcool.

Ce Coluche-là, pompiste mélancolique, est un ancien flic. Et c'est dans ce décor de *Quai des brumes* qu'il rencontre Philippe. Lui aussi à côté, lui aussi décalé, sceptique et fataliste. Philippe-flic, entre beur et beauf... Un beau rôle.

Il est l'ordre, la loi, mais aussi le doute. Pas trop convaincu que l'ordre et la loi, ça soit suffisant pour apaiser les hommes. Il en a trop vu. Ce n'est pas ce qu'il y a de mieux de trop savoir, de trop découvrir. Il questionne parce qu'il est payé pour ça. Mais le décor, la pluie, l'Est parisien, l'emportent sur les questions. Qu'est-ce que vous voulez demander, entre la République et la Bastille, entre Belleville et Stalingrad à des humains perdus lorsqu'il pleut sur leurs rêves ?

La nuit, la station-service Total c'est une prison ouverte sur du vide. On y finit sa vie dans les souvenirs. Les voitures qui font le plein, les mobylettes, les gens de la nuit, ne s'arrêtent pas vraiment. Ils passent, ils s'estompent. En fait, ils meurent. Il y a de la douleur dans cette lumière de néon, lumière d'indifférence.

Si Coluche boit un peu trop, s'il se souvient qu'il a laissé son fils s'empoisonner, sa femme le quitter, c'est qu'il est déjà « mort dans sa tête ». C'est lui qui parle : « J'ai arrêté d'être con mais je suis mort, voilà. »

« Un gros con tricolore jusqu'au slip », voilà ce qu'il est Lambert, au 35 de la rue Charlot. Il est la France des pompes à essence et du pinard. Elle mélange les tueurs et les tués parce qu'elle ne sait plus où elle en est.

Ainsi l'ancien inspecteur Lambert devient-il un peu vengeur parce que son copain de débine, Youssef Bensoussan, a été assassiné.

Et Philippe dans tout ça ? Il a quarante-trois ans, il est là, impuissant et déjà lassé, comme peut l'être la loi lorsque la mort prend le dessus.

On est en 1983. La France vit sa deuxième année de socialisme. Autant dire un siècle. Chirac est maire de Paris. Depuis toujours. Et cela ne change rien, car rien ne change vraiment lorsque sur Belleville, sur les voleurs de mobylettes, sur les inspecteurs de police, sur Lola la petite punk, sur tous ces acteurs de l'amour et du hasard, tombe la pluie.

1. Frédéric Dard, *L'Avant-Scène*, mars 2002.

J'ai parlé de Romy Schneider, du tournage de Max et les ferrailleurs. *Mais de là où tu es, planant sur nous avec ton œil d'oiseau désemparé, regarde un peu la liste qui vient! Je ne sais qui s'occupe de toi aujourd'hui : mains maternelles, oreilles amoureuses, bouches ardentes, je ne sais pas qui sont les femmes qui t'accompagnent là-bas. Mais je te demande de regarder un peu cette liste. C'est presque aussi bien que le Goncourt (toi me répondant « c'est beaucoup mieux, andouille »...) :*

Simone Signoret, Michèle Morgan, Catherine Deneuve, Nathalie Baye, Jane Birkin, Marlène Jobert, Bernadette Lafont, Jeanne Moreau, Anna Karina, Marie Laforêt, Marie-France Pisier, Bulle Ogier, Micheline Presle, Annie Girardot... Dans le désordre! Et j'en oublie naturellement ! Peut-être les plus belles, les plus étonnantes, femmes fatales, courtisanes, jeunes étudiantes à autographe, script-girls, petite Bérénice d'université...

Ce sont les femmes avec lesquelles tu as joué. Je dis bien : joué. Je ne dis pas que tu les as serrées, toutes, dans tes bras. « Pour de vrai », comme nous disions jadis. Trop haute idée de la comédie ! Trop d'amour pour les mots ! On s'arrête à la séduction. Enfin, le plus souvent...

Tu sais ce qu'ils disent mes copains, au bistrot ? Le veinard ! Moi, je ne sais pas si c'est une veine. Je pense que tu as eu le tournis... Que c'est un peu trop, ces visages, ces corps, ces larmes, cette façon d'épouser à chaque instant, avec les grandes orgues, un sourire fugitif, une caresse ou une promesse, un soupir, un désarroi... Et puis après, plus rien.

« Changer de lit, changer de corps... Est-ce ainsi que les hommes vivent ? » demandait Aragon.

Est-ce ainsi que vit mon frère ? me suis-je demandé à mon tour.

Mais je comprends qu'il n'y a rien à comprendre. J'acquiesce. Que puis-je faire d'autre lorsque tu dis de Jane Birkin : « Sur un plateau, elle est une espèce d'aurore boréale. Jane, c'est le cas extrême de la beauté inexpliquée[1] *» ?*

1. JLM, p. 149.

Il rencontre Nathalie Baye en 1973 sur la scène d'un théâtre d'Aubervilliers. Ils interprètent ensemble *Liola*, la pièce de Pirandello avant de partager huit années de vie commune.

Ils s'aiment à Paris, dans la Creuse, dans les studios, devant les caméras où ils jouent ensemble, dans le désordre : *La communion solennelle*, *La mémoire courte*, *Une semaine de vacances*, *La gueule ouverte*... et... *La Balance* qui consacre publiquement... leur séparation.

« Les femmes m'ont aimé pour des choses que je ne soupçonnais pas en moi [1]. »

Je crois par contre qu'il soupçonnait bien ce qu'elles avaient en elles et dont il avait besoin [2]. Et pourquoi, d'une façon assez répétitive, elles le quittaient.

Nathalie c'était la petite « scripte » de *La Nuit américaine* que François Truffaut avait repérée, c'était *Sauve qui peut la vie* de Jean-Luc Godard, c'était *Une étrange affaire* de Pierre Granier-Deferre, et voici qu'elle obtient, en 1983, un césar, en même temps que Philippe pour *La Balance.*

Elle devient aussi la femme de Johnny Hallidday, ce qui est moins drôle pour notre héros...

Aujourd'hui, Johnny a soixante ans. Il va fêter ça au Parc des Princes.

Il manquera, dans les rangs serrés des spectateurs, un Prince disparu trop tôt qui, avec une certaine amertume et beaucoup d'injustice, avait prétendu que le rocker, lui, ne savait pas lire.

---

1. *Biba*, avril 1983.
2. « J'aime les femmes transparentes comme un lac, si je me regarde dedans je me vois beau. » (Propos rapportés par Agathe Godard).

De Domicile conjugal *en 1970 (Truffaut) jusqu'à* Black Ju *, ton dernier film, en 1996 (Pol Cruchten), tu auras traversé tes âges et tes passions, tes ruptures, tout un univers de décors, de rôles, et tu auras donné à ta vie sa véritable source d'énergie : la liberté.*

C'est donc à cette liberté plus grande qui est désormais la tienne (en vérité : infinie...) que je fais appel. Tu vas sûrement comprendre ce que je te demande : qu'est-ce que c'est un acteur posthume ? Un acteur sans corps ? Et je vais te dire : qu'est-ce que c'est un vivant posthume ? C'est-à-dire un vivant d'après l'humus ? Un vivant in-humé ?

A peu près soixante-dix films (peut-être plus : c'est difficile à compter !), plusieurs dizaines de pièces, de Liola *jusqu'à* American Buffalo*, des séries télé, des centaines d'interviews, des photos, des chansons... Quel est l'homme qui est derrière tout cela ? J'arrive* *au bout de mon enquête et je ne sais pas répondre.*

Tu as réussi ce tour de force : c'est moi maintenant qui suis déglingué, errant à cheval, non plus sur des principes mais sur des doutes. Comme dirait Coluche : patibulaire mais presque...

En fait tu m'as rendu le goût de la liberté, le goût un peu amer de la fuite [1]*, l'amour de l'écriture et de la solitude. Et puis ceci qui n'a aucun prix : la familiarité avec la mort. C'est – je crois – depuis quelques siècles, une forme de sagesse.*

Merci l'artiste. Merci pour tout. Merci pour la joie qui vient : celle des fragilités humaines, celle des rêves impossibles. Même si je ne sais pas encore ce que j'en ferai.

Que peut-on en faire, d'ailleurs, si ce n'est la distribuer à ceux que l'on a envie d'aimer ?

Tu avais bien dit que nous pouvions avoir aussi « des héroïsmes tardifs [2] *»...*

---

1. « Les gens ne savent pas qu'il est capable de se tirer à Caracas et salut, on ne me verra plus, du jour au lendemain ! C'est un fugueur, il est né fugueur ! » (Philippe Léotard parlant de François, JLM, p. 41).

2. PANR, p. 54.

Entourés d'objets endormis, nous le sommes tous. Nous aurions le droit, chacun, d'en être accompagnés, au moment où nous les avons déjà perdus. Soldats de terre cuite des empereurs chinois, scarabées, parfums et bijoux des pharaons, tout simplement ces chapelets que l'on met aux mains croisées des vieilles dames. Dans le dernier glissement il nous faut quelques aspérités. Je pense aux petits tombeaux de Tarquinia.

Philippe, s'il l'avait bien voulu, j'aurais mis un dérailleur de vélo. C'est curieux ce mot qui nous a couverts de graisse au temps de notre enfance. Le dérailleur c'était un objet magique. Actionné au bon moment, en appuyant sur un petit bout de fer, il permettait de doubler dans une côte le frère rival, si jamais celui-ci avait raté l'opération.

Il y aurait eu également, entre deux de ses doigts gonflés, noircis par le tabac, un ticket de métro. Je parle des tickets de jadis, bien jaunes, avec – si l'on était en règle – un œil de cyclope au milieu, un beau trou qui ne servait pas à grand-chose. Son copain Gainsbourg n'avait pas encore chanté « Le Poinçonneur des Lilas ». Mais, au métro Château-de-Vincennes, on en a laissé des petits confettis, sur le bitume du quai...

Il y aurait eu, bien sûr, un soldat de plomb. Nos batailles se déroulaient chez le voisin, à Fréjus. Nous faisions manœuvrer nos divisions avec un sens tactique que n'aurait pas désavoué Bonaparte. Il avait une phrase favorite, Philippe : « Mon aile droite est enfoncée, mon centre menacé, mon aile gauche est en déroute, j'attaque ! » Je ne sais pas qui avait dit cela. Une sorte de général Panache dans la galerie de nos ancêtres. Mais je ne me fais pas de souci : beaucoup de militaires vont m'écrire pour me dire de qui il s'agit.

Il y aurait eu, dans la poche droite, celle qu'on appelait la poche-revolver, le petit étui de quatre cigarettes qu'il sortait, toutes fripées, devant les copains. On les appelait des P4. Le P ce devait être « Parisienne », je crois. Ces quatre petits tuyaux frauduleux, au lycée ou dans la tombe, il savait que c'était un accompagnement pour les jours sans femme.

Il y aurait eu un livre d'Henri Michaux, naturellement. Le dernier écrivain qu'il avait auprès de lui sur son lit d'hôpital. Peut-être un signet marquant une page : « Visages de jeunes filles [1]. » Ou bien quelques « observations » qui l'auront fait sourire : « Quand les autos penseront, les Rolls-Royce seront plus angoissées que les taxis [1]. » Ce côté almanach Vermot qui ne l'avait jamais quitté...

Il y aurait eu une petite bouteille d'huile d'olive. Ça, ce serait mon cadeau. Et puis un bon bordeaux. La croix de Saint-André, par exemple, produit par Francis Carayon, un de ses anciens élèves de Sainte-Barbe. Il y aurait eu un harmonica. Il y aurait eu « Ciucciarella » en cassette, la berceuse corse que Maman chantait pour nous endormir. Un Pouchkine, des Stendhal, « Tendre est la nuit » de Fitzgerald... Il y aurait eu la photo de Patrick Dewaere, une recette de cuisine, la caille rôtie aux raisins, en alexandrins, posée sur son ventre ; il y aurait eu une photo de Nathalie, notre petite sœur, et puis une multitude de bouts de papier : une citation de Jacques

Copeau, une autre de Brecht (plutôt la bonne âme de *Se Tchouan*, la bonté impossible...), quelques vers du « Bateau ivre » et naturellement Lautréamont...

Et puis dans ce bric-à-brac : un masque cinghalais, le paquebot *Normandie*, une vieille boîte d'allumettes, une petite balance...

« Il s'agit d'objets trouvés ou donnés. A la longue, ils ont tous fini par avoir une signification. Le masque cinghalais garde la maison contre les mauvais esprits ; le paquebot *Normandie*, c'est le sujet d'un de mes livres ; le bout de la Corse : la famille de ma mère ; il y a une décalcomanie de mon grand-père, le vase est resté si longtemps sans fleurs que je l'ai coiffé d'une ampoule, derrière on trouve Lucky Luke, un clown... Tout ce qui est là est chargé de sens [2]. »

---

1. Henri Michaux, p. 304, 347.

2. « Je revendique le bordel de ma chambre comme infiniment plus intérieur que mon intimité. » (JLM, p. 113-114).

J'ai mis longtemps à comprendre. Mais maintenant, je sais. Les gens (ceux qui restent – et tu as remarqué je les mets entre parenthèses) pensent que tu as décidé de mourir.

Moi je pense que tu n'as rien décidé du tout. Trop encombré de souvenirs, de baisers. Tu as fait comme d'habitude : tu n'as pas laissé beaucoup de place pour la décision. Tu as occupé tout l'espace avec du silence ! Comment peut-on répliquer au silence ?

Tu t'es rayé de la carte des bruits, une mappemonde un peu nerveuse. Mais c'est fou ce que tu empiètes sur la mer.

L'éternité n'est qu'une façon de vivre autrement. Tu t'es seulement déplacé. Il faut s'y faire. S'habituer à la longue distance, se glisser dans le courant des étoiles et du vent. Les bergers, eux, ils savent faire. Il y a déjà de la pierre en eux. Ils voient bien que le ciel ne change pas, que les paroles sont rares, que la nuit dure longtemps. Ils attendent. Nous avons connu ensemble des bergers. En Corse, lorsqu'ils chantaient, c'était après avoir longtemps réfléchi. Ou alors d'un seul coup, comme ça, parce qu'un arbre avait légèrement bougé.

Il y a des pays où l'on rumine dans la montagne à force de regarder les cailloux.

Et sur toi, il y a une question qui revient sans cesse. Peut-on être à la fois berger et pilier de boîte de nuit ? Qu'est-ce que tu trimbalais, dans ta tête, au milieu du vacarme ? Qu'y avait-il au fond des verres qui soit aussi fort que le silence ? Quel est ce bruit de la nuit qui t'a envahi, étourdi ?

Tu t'en étonnais toi-même : « C'est incroyable comme le sourire, en moi, résiste [1] ! »

Mais aussi :

« La nuit me fuit,
« Le jour me chasse ;
« Je me tasse ;
« Je ne vaux pas mieux que ma vie [2]. »

---

1. CRC, p. 44.
2. PJSL, p. 108.

« HEUREUSEMENT, IL Y A L'IMPARFAIT, CE MODE MAJESTUEUX DONT L'INDULGENCE EST SANS LIMITE. »

PAS UN JOUR SANS UNE LIGNE

La famille corse.

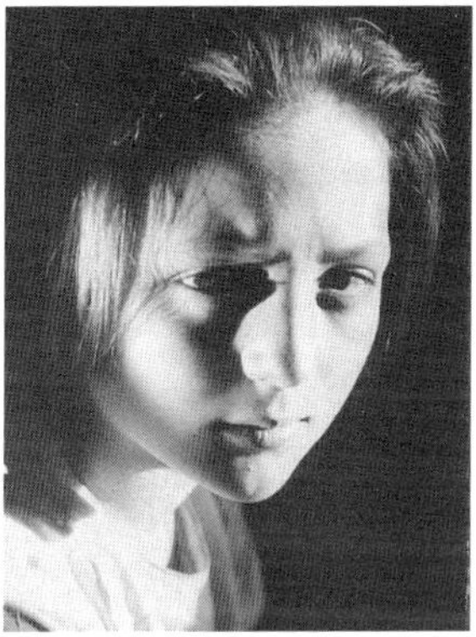

La mère.

« ET À MA POITRINE LE BLEU DE LA CORSE. »

CLINIQUE DE LA RAISON CLOSE

Le « babbu, le grand-père ».

© Jean Ber

Avec Emmanuelle et Faustine.

« LE BONHEUR, C'EST MIEUX QUE LA VIE. »
PAS UN JOUR SANS UNE LIGNE

« ON NE ME FERA PAS ENVIER CELUI QUI A EU RAISON SANS AIMER. »
PAS UN JOUR SANS UNE LIGNE

Avec Emmanuelle.

© Franck/Corbis/Sygma

Avec Clara.

« Celui qui veut échapper à l'érosion commence par ne pas se faire montagne. »

Pas un jour sans une ligne

« Je suis incompatible avec la mort. Elle n'aura que les restes. »

Clinique de la raison close

Avec Clara, Corse, 1999.

© Toussaint/Gamma

« Je suis fait de feuilles.
J'ai faim de vent.
Si j'en avais le cœur
Je serais du sexe des chênes
Avec la longue douleur du temps dans les branches. »

Portrait de l'artiste au nez rouge

Michel Piccoli raconte. Il ferme les yeux, cherche ses mots. Il y a beaucoup de force et de douceur dans sa voix. Une intégrité de la parole est là ; une certaine souffrance aussi pour chercher le mot juste. Des silences. Une immense élégance pour suivre ces chemins par où passent les comédiens, ses frères.

Nous sommes sur un quai du Vieux-Port, à Marseille. Nous parlons de Philippe. Ma quête se poursuit. Qu'était-il dans le regard des autres ?

« Il y avait entre nous une sorte de timidité, dit Piccoli, une espèce d'amitié, tout à fait discrète mais profonde. » Et il poursuit, évoquant « la pudeur » du comédien Léotard, sa fidélité familiale...

J'essaie de comparer nos regards. Le frère par le sang, le frère sur les planches, sous les projecteurs, ont-ils vu le même homme ? Et la réponse est là, évidente : c'était le même. Mais pas celui que d'autres ont vu, ou trop abondamment décrit. Un homme « d'une grande propreté, d'une extrême rigueur », dit Piccoli. « Il était aussi extrêmement modeste. Une modestie qui l'encombrait... »

Et puis : « C'était un jongleur. Un jongleur ça demande du travail. C'est dur de jongler avec la vie... Il inspirait fascination et respect. Une drôle de sauce... On se demandait comment il fonctionnait, comment il faisait pour vivre... La vraie question pour lui, comme pour moi, c'est celle-ci : qu'est-ce qui est de moi dans les personnages que j'ai joués ? C'est le secret du moi. »

Je revois alors, au théâtre des Amandiers, la rencontre, orgueilleuse et soumise, sauvage, de ces deux hommes. La violence du décor, la poussière, les cris des gardiens dans la nuit, la beauté du texte de B.-M. Koltès. Philippe avait déjà travaillé avec Patrice Chéreau, en 1978, dans *Judith Therpauve.* Il s'en souvient : « C'est la force de Patrice Chéreau de laisser ses acteurs en état d'insatisfaction [1]. »

Avec *Combat de nègre et de chiens*, comme avec *La Cuisine* de Wesker, c'est la parole qui joue le premier rôle [2]. C'est peut-être le sens de cette insatisfaction.

« Philippe Léotard, égaré, odieux et bouleversant. Michel Piccoli tragiquement misérable [3]... », ce sont ces deux hommes, des personnages de Faulkner ou de John Huston, qui peuplent, sous une passerelle d'autoroute, une Afrique de terrain vague, « territoire d'angoisse et de solitude ».

Si quelques spectateurs s'en vont avant la fin, la critique sera unanime dans l'éloge. La mémoire aussi sera fidèle, de ceux qui aiment dans le théâtre « la vérité du monde, l'angoissante et complexe beauté vivante du monde qui est notre monde » (Jacques Copeau).

En écoutant Michel Piccoli, en relisant la pièce de B.-M. Koltès, en reprenant, un par un, les jugements de la presse d'il y a vingt ans, je ressens l'extraordinaire présence du théâtre, cette façon qui est la sienne de nier son identité éphémère. Et je les revois tous les deux :

« Michel Piccoli, mal rasé, les épaules basses, tient le discours pseudo-libéral du chef de chantier. Philippe Léotard, extraordinaire dans sa folie raciste, son délire de foie colonial, est l'adjoint, carcasse brûlée aux gestes décalés [4]. »

Je suis heureux parce qu'ils sont vivants. Encore plus vivants que moi, l'un et l'autre, vingt ans après.

---

1. Cité par Fabienne Pascaud, *Télérama*, mars 1983.

2. « Une pièce située aux frontières du théâtre, si l'on pense que le théâtre c'est l'action. Mais justement l'action, ici, c'est la parole, une parole active et déchirée, fissurée, empruntée, une parole qui ne cesse de vouloir cacher la peur et contourner les pensées secrètes que l'on n'ose même pas avoir. » (Patrice Chéreau, février 1993).

3. Colette Godard, *Le Monde*, 25 février 1983.

4. Jacques Lerrant, *Le Progrès*, 9 mars 1983.

Tu vois, ce sont les plus grands qui m'ont parlé de toi. Et, si j'ose dire, les plus petits. Pas les moyens, les insipides, ceux qui devaient craindre pour leurs filles. Les plus grands : Chéreau, Noiret, Lelouch, Piccoli, Boisset, tant d'autres encore...

Les plus « petits » : des maçons dans la rue, des jeunes à une terrasse de café, des beurs, des comédiens obscurs rencontrés ici ou là... des noirs, des jaunes, les plus inconnus.

Ils savent tous ce qu'ils te doivent. C'est quelque chose du genre : « Il avait compris ma solitude... » C'est ta force, au-delà d'un corps qui s'absente, de représenter, d'exprimer encore aujourd'hui la souffrance des autres lorsqu'ils ne parviennent pas, eux-mêmes, à l'exprimer.

Alors tu peux avoir une petite fierté, bien cachée, au fond d'une tête qui n'existe plus (mais, va savoir ?).

Cette fierté, heureusement, elle se prolonge dans les livres. Un livre, c'est une façon de survivre, c'est une manière, pour celui qui écrit, de laisser les autres rêver à sa place. Il est posé, là, devant nous, avec ses pages silencieuses. Et bientôt, il va exploser. Il va nous couvrir de mots, nous tacher. Oui, je dis bien nous recouvrir de taches! Parfois, elles mettront longtemps à s'effacer...

Que veux-tu, lorsque tu écris : « ... une Celtique, abandonnée, comme un feu de vendanges, dans l'automne des mains [1]*... » je la vois la Celtique (pour les non-fumeurs, c'est une cigarette...) et je vois encore mieux cet automne sur mes mains.*

Ou bien : « Je suis né du repos de l'aigle / Et de l'abandon des marées. »

Ou bien : « Il y a un mort maintenant dans le lit de mon cœur; si froid que je ne m'en réchaufferai jamais [2]*. » (Il s'agissait de Patrick Dewaere.)*

Tu vois, ça marche! Ce qui est le plus étonnant, c'est que les mots sont vivants. Ils continuent à progresser lorsque nous restons immobiles, ils voient lorsque nous restons aveugles...

Ne te fais pas de soucis, vieux. Ton cœur bat toujours. C'est par les mots que je t'ai retrouvé : ta dignité, ton amour des gens, ton appétit de vivre, tout ça, c'est planqué là, entre les lignes...

Tu ne t'étais pas trompé :

> *« Qui est savant en poussière ?*
> *« Après tout* [2]. »

1. PJSL, p. 129, 122.
2. PANR, p. 70, 150.

Etait-ce un artiste engagé ? Je ne le crois pas. Dire à la cantonade que l'on n'a jamais voté, s'affirmer royaliste puis bonapartiste, aller à la fête de l'Humanité et, la même semaine, à celle du Parti républicain, c'est prendre le parti de n'en prendre aucun.

Je connais les arguments : c'est donc un salaud, diront tous ceux qui, du haut du premier étage du Flore, invitent à la mobilisation de masse. Pas de mains sales ? Donc pas de mains...

En fait, nous nous sommes empêchés mutuellement d'agir. Moi, en croyant que le pouvoir c'était l'action. Lui, en croyant que l'action c'était d'être soi-même. Et entre les deux, le désir d'être l'autre, c'est-à-dire le même.

« Nous sommes tellement semblables qu'il aurait fallu qu'on me coupe en quatre pour que je lui demande quelque chose et qu'on le coupe, lui, en huit, pour qu'il me l'accorde [1]... » Il parlait de moi...

Mais il faut aller plus loin sur cette question de l'engagement. Refuser de faire carrière, cultiver l'intransigeance jusque dans les profondeurs les plus secrètes de son métier, jouer le plaisir et la mort comme deux chansons qui se répondent, rire enfin du sérieux des docteurs et des maîtres, n'est-ce pas un engagement qui en vaudrait bien d'autres ?

A trois occasions, au moins, il s'insurgea. La mort de Malik Oussekine, la souffrance des enfants atteints du cancer, l'horreur du sida. La jeunesse, le cancer, le sida, peut-il y avoir des causes plus humaines ?

Malik Oussekine, on s'en souvient, était ce jeune garçon qui succomba, dans une manifestation de rue, sous les coups des CRS. On protestait contre la loi Devaquet. Un drame qui secoua la France et qu'il n'est pas possible d'excuser. Il y eut un beau titre du journal d'opposition *Le Matin* dans la rubrique « Culture ». Philippe Léotard : « J'ai téléphoné à mon frère pour le traiter d'enfoiré. » Puis sous une photo de lui : « Ce qu'on demande à un gouvernement c'est d'être dur, peut être, pas d'être cruel [2]. »

J'étais dans ce gouvernement et la démagogie n'était pas pour moi une seconde nature. Je suis donc resté. Je n'ai jamais reçu la lettre qu'il m'a alors écrite. Et il reconnaît que cette lettre n'a jamais été postée. Non seulement le ressentiment ne m'a pas effleuré, mais je sais que, s'il n'avait rien dit, j'aurais été étonné, et sans doute déçu.

Pour les enfants cancéreux, ce fut l'épisode du nez rouge : le passage du clown dans l'univers de la souffrance. Il donnait à rire comme on donne à manger quand la famine est là.

Et puis, il y eut « Le Château de Cène », « le texte érotique le plus décrié des années 70 », titrera *France-Soir* [3]... C'est un peu plus compliqué que cela, mais ce que je veux en retenir, c'est le texte suivant, diffusé par *Alpha-Fnac* (n° 188) en décembre 1990. Philippe a écrit ce jour-là l'une des plus belles pages d'amour sur la tragédie du sida.

---

1. Propos rapportés par Philippe Bouvard, *Paris Match*, octobre 1988.
2. Propos rapportés par Françoise de Maulde, *Le Matin*, 26 décembre 1986.
3. Ariane Dollfus, dans *France-Soir*.

"LE CHÂTEAU DE CÈNE"
Texte de Philippe Léotard
pour l'appel commun de la soirée du 27 novembre 1990 donnée au profit de la recherche contre le Sida (A.I.D.E.S.).
Hommage à Bernard-Marie Koltès.

L'amour de l'an 2000 est en péril.

Celui qui, consentant, prudent, bien pensant, à force de dire "oui" finit par s'endormir, qu'il se contente, ailleurs, de rester géomètre, ou laisse ici toute espérance.

Celui qui, ardent, incandescent, brûlant ses vaisseaux sur ce rivage interdit par la virginité de la Lune, se viole et s'aveugle au point de se laisser, humble et nu, totalement guider, celui-là est convié à la Cène.

Nombreux, aujourd'hui, sont ceux qui, appelés à la Cène de l'Amour, s'y sont rendus, heureux, jeunes, libres et fiers, et n'y auront connu que l'enfer du décor, rongés qu'ils furent par l'obscur ennemi. Nous leur rendons hommage. Toutes les victimes de l'amour en sont les héros. Gens de danger, "ILS ONT AIME" sera leur épitaphe. Leur orgueil était d'être en instance de mort. A la danse douloureuse du désir, ils auront fait don de la douceur du délire, de leur vie, leur voix, leur vertige.

Le ventre de l'Amour est un volcan silencieux ; mais il se dresse et s'enfouit, comme un sexe unique ; indissociable, insatiable, insociable, il s'ouvre à lui-même des failles, d'où il fuit vers sa fin si nous ne l'aimons pas, avec patience et violence, comme une providence secourant notre destin.

Il y a des cathédrales dans les sables mouvants ; et l'amour... comme éternité envahie par le temps.

D'érection en éruption, LE CHÂTEAU DE CÈNE est une sismographie passionnée de l'amour.

Philippe Léotard

Soirée parrainée par Patrice Chéreau, Daniel Defert (Président de A.I.D.E.S.), Jeanne Moreau, Jacques Séguéla, Léon Schwartzenberg,
ainsi que par Philippe Mondan (Directeur Général de la FNAC) et Raymonde Chavagnac (Directrice d'Alpha Fnac).

Tu ne m'as jamais parlé de Clara. Ni des autres d'ailleurs. J'entendais, bien sûr, ce qu'on en disait, je voyais des photos dans les journaux... (Tiens, justement : celle de Nathalie et Johnny, avec toi, le soir des Césars. Tu faisais la gueule...).

Mais Clara c'était plus secret. Tu l'avais connue alors qu'elle avait dix-sept ans. Détournement de mineure... Une lycéenne... Violoncelle et littérature ! Un rêve ! Et puis vous avez voyagé dans un amour nomade pendant huit ans. Elle préparait Normale sup, un de tes projets non aboutis. Elle m'a raconté votre rencontre. C'était dans une librairie, comme si tu ne pouvais échapper, dans le désordre de l'amour, à la littérature. Elle venait d'acheter De natura rerum ... *Tu faisais des dédicaces et probablement un peu le clown. Le coup de foudre, ça existe, même pour les clowns... Alors vous êtes repartis ensemble ! Adieu Lucrèce...*

C'était en 1991, à l'époque de tes chansons « A l'amour comme à la guerre... ». Entre les deux, c'est l'amour qui l'a emporté. N'empêche : tu l'as emmenée à Villeroy ! Là où Péguy est tombé, au début de l'offensive allemande sur la Marne. Une jeune fille ! Je sais bien que tu as écrit un jour : « Qui a parlé de nous comme d'un champ de bataille [1] ? »

Vous vous êtes mariés à l'Eglise. Comme toute la famille, je l'ai toujours ignoré. Je t'imagine entrant dans la nef comme on parcourt le pont d'un bateau. Un peu fier (tu as quand même cinquante et un ans !), un peu blagueur, certainement heureux, l'œil sur l'horizon. Avais-tu un costume, une cravate, un chapeau, des gants ? Certainement beurre-frais...

Elle a tout compris, Clara, tout conservé dans sa mémoire : le camping-car que tu avais loué pour dormir devant le centre d'examen (échec de Clara, à l'oral, naturellement) ; ton séjour au Théâtre 13, chez Lelouch, juste en face de l'appartement de Céline ! Ta nature qu'elle a devinée si féminine ; ton besoin de parler lorsqu'elle voulait dormir...

Tout cela dans le désordre de ces huit années où tu mélanges les rôles, les femmes, les chambres, les chansons...

Après Nathalie, tu avais besoin de tout oublier. Avec Clara tu te souviens de tout. Même des dates, dit-elle : Austerlitz, Malpasset, Napoléon III... Mariés le 2 décembre, séparés le 2 décembre... Elle jette les clefs par la fenêtre, Clara. Elle n'en peut plus. On est en 1999 et tu lui avais dit : « Si tu ne me tues pas, je te tue... »

1. PANR, p. 112.

Il faudrait évoquer tous ses films, toutes ses pièces pour mesurer l'énergie, le goût du travail, de ce grand dilettante. A force de ne rien faire, il s'est multiplié. Paresseux excessif...

Une pièce de Vampilov, créée au TNP à Villeurbanne en mars 1981. La pièce s'appelle *L'été dernier à Tchoulimsk.* Vampilov est un auteur sibérien, « un immense auteur de théâtre [1] ». « Le spectacle sonne juste d'un bout à l'autre », dit *Le Progrès de Lyon* [2]. Philippe est un fonctionnaire de police désabusé qui lutte contre le népotisme. On est un peu dans Tchekhov, un peu dans Gogol : vingt-quatre heures, à Tchoulimsk, en Sibérie, dans la chaleur de l'été. Ecoulement laborieux du temps, huis-clos...

Il y a *Mora*, en 1982, un film de Léon Desclozeaux. Philippe est reporter-photographe, témoin involontaire d'un meurtre commis en pleine rue. Voyeur surpris par la tragédie, il y laissera sa peau...

Il y a *Liola*, de Pirandello, dix ans avant. On ne sait jamais quel âge il a, Philippe. Jean-Jacques Gautier, de l'Académie française : « Philippe Léotard, le tendre et si rigoureux Liola, frère du vent, jeune, charmant, traînant tous les cœurs [3]... » « Il ressemble à Paul Newman ; sourire, insolence, tendresse, regard clair. Son Liola est un pur symbole du désir » *(Le Monde)*.

Il y a *Kamouraska*, un film canadien présenté hors compétition à Cannes. Philippe a tourné, cette année-là, en 1972, deux films à la fois. *Une belle fille comme moi* avec Truffaut et, au Canada, *Kamouraska*, le film du réalisateur Claude Jutra.

« Coïncidence vraiment extraordinaire, dans les deux films, je tenais le rôle d'un mari victime des noirs desseins de son épouse. Tué par Bernadette Lafont dans l'un, j'étais assassiné sur l'ordre de Geneviève Bujold dans l'autre [4]. »

L'année d'avant, c'était *Doux oiseau de ma jeunesse* d'après Tennesse Williams, aux côtés d'Edwige Feuillère...

Il y a la télévision, avec Stellio Lorenzi, dans *Crime et châtiment*, il y a *La Cerisaie*, *La porteuse de pain*, La *Gueule ouverte*.

Il y a François Truffaut avec *Domicile conjugal*, *Les Deux Anglaises et le continent*. Il y a Goretta avec *Pas si méchant que ça*... Il y a *La Traque* avec Jean-Pierre Marielle... *French Connection II*... Il est Luigi dans *L'Ombre des châteaux*, Léon Gravet dans *La Communion solennelle*, le flic de gauche dans *Le Shérif*...

Je m'arrête. Il donne le tournis, Philippe.

Il avait écrit : « Oh ! tous ces personnages, toutes ces personnes qui ont porté mon âme [5]... »

---

1. *Le Figaro Magazine*, 21 mars 1982.
2. 16 mars 1981.
3. *Le Figaro*, 28 mars 1973.
4. Interview *Nice-Matin*, 12 mai 1973.
5. PANR, p. 10.

Je poursuis ma quête dans ce désordre qui te convenait si bien. Que lisais-tu, du temps où la beauté traversait ton visage, temps jeune, solaire, immobile maintenant sous nos traces ? Quels ont été les mots qui ont circulé dans ton sang pour l'oxygéner à ce point ?

Je me souviens, tu as été mon maître dans le pays d'Aragon. Ensemble nous l'avons aimé. Dans une famille dont le père était monarchiste, c'était normal !

Nous l'aimions beaucoup plus que Sartre parmi les grands maîtres du moment. Bien plus que Camus, même. Plus que Malraux. Plus que Mauriac et Gide qui nous faisaient bâiller dans leurs chatouillements introspectifs.

Mais L'Affiche rouge, Le Fou d'Elsa, La Semaine sainte, *c'était l'Histoire écrite comme un roman.* Henri Matisse, roman, *virgule, cela nous plaisait. Peut-être pas assez de musique à tes yeux ? Elle était pourtant dans l'alexandrin, ce jardin à la française.*

Même le côté Deroulède te convenait : « Je vous salue ma France aux yeux de tourterelle »... Toi qui as toujours revendiqué une écriture française !

Un jour, Jack Ralite, l'ancien ministre communiste, m'avait offert Le Con d'Irène. *J'étais heureux. J'ai voulu te le donner. Tu avais disparu... Quelque part, assez loin, pour écrire* [1]*...*

Il y avait Lautréamont. « Je suis sale. Les poux me rongent. Les pourceaux, quand ils me regardent, vomissent. Les croûtes et les escarres de la lèpre ont écaillé ma peau, couverte de pus jaunâtre... » Lorsque tu récitais, presque en criant, sur les planches, cette partie du chant quatrième, tu oubliais parfois de citer l'auteur. Personne ne doutait alors que le texte fût retiré du plus profond d'une horreur que tu t'inspirais.

Tu évoquais Flaubert mais d'une façon étrange et – si l'on peut dire – lapidaire. Tu connaissais par cœur (je dis bien par cœur!) chaque première phrase de chaque roman de Flaubert. Ainsi se compose aujourd'hui en moi une sorte de tapisserie surréaliste, à peine ébauchée, où se croisent quelques mailles de toutes nos histoires passées et à venir.

C'est quelque chose de ce genre (mais on peut aussi bien inverser les mailles de ce tricot normand) : « Le quinze septembre dix-huit cent quarante, vers six heures du matin, nous étions à l'étude quand le Proviseur entra. C'était à Megara, faubourg de Carthage et la ville de Montereau, près de partir, fumait à gros tourbillon devant le boulevard Bourdon absolument désert. Il faisait une chaleur de trente-trois degrés..., etc. »

Tu me permettras de remarquer qu'il n'y avait pas Balzac, un peu de Stendhal (mais c'est plus difficile à raconter...), très peu d'Henry Miller (plus étonnant...), beaucoup d'Hugo et de Baudelaire. C'est normal.

« Il faut obliger les mots à fermer[2]*. » Toi tu ne les as pas obligés. Ils sont restés ouverts, nuit et jour.*

J'oubliais Cendrars et Rimbaud. J'oubliais Milosz (le Lituanien) : « ... je vous jure sur mon honneur et sur la tête de l'évêque de Rome que votre enfer n'existe pas » (Don Juan)...

Mais j'en oublie tellement.

Tu avais ainsi raconté ton approvisionnement en livres, au cours de ta maladie d'enfance : « Mon petit frère François se chargeait de les attraper sur les rayons[3]*. » J'espère avoir eu le bras long...*

Mais de toute façon, tu as toujours eu le dernier mot. (Quelle expression !)

« J'ai été plus lu par les livres que je ne les ai lus. Stendhal a compris mon cœur, moi je n'y ai toujours rien compris[3]*. »*

---

1. PJSL, Poème « A Louis Aragon, / Front rouge / Magnitogorsk quatre-vingt-douze... / L'Armée rouge de rouille ! / Oh ! ma plaine ! Oh ! ma pauvre plaine, / Où l'on a tué le galop ! »

2. Henri Michaux, p. 603.

3. *Elle*, 18 avril 1983.

Question à Daniel Auteuil : Comment s'est passée la confrontation avec Léotard, un type d'acteur assez éloigné de vous ?

Réponse de Daniel Auteuil : C'est formidable, c'est comme de jouer au tennis avec Borg...

Nous sommes en 1983 et c'est l'année de tous les succès. L'année où Philippe entre dans la deuxième partie de sa vie, l'année où tout bascule et tout se bouscule. 1983, Philippe-Borg, clown et flic, balance du milieu, quarante-trois ans, tout son talent noué en lui comme une boule d'angoisse au fond du ventre, passe ses jours et ses nuits sur la scène.

Résumons : le succès de *La Balance* (un million de spectateurs) ; le césar du meilleur acteur ; *Les Fauves*, film tourné au Palais omnisports de Bercy ; *Combat de nègre...* aux Amandiers... Et pendant ce temps, *Tchao Pantin* sur les écrans...

Résumons encore : un licencié d'anthropologie à l'université de Californie (Bob Swaim, meilleur film), un chanteur de rock, vedette internationale (Johnny), une actrice bourgeoise qui fait la pute sur le trottoir (Nathalie Baye, meilleure actrice), un génial metteur en scène (Patrice Chéreau), un grand comédien qui s'affirme (Daniel Auteuil), un immense acteur qui lui donne la réplique aux Amandiers (Michel Piccoli) et LUI, Philippe, l'homme à la Chevrolet qui ne vient pas à la soirée des Césars, rattrapé par une gloire étrange et cannibale.

La presse se souvient alors que depuis plus de quinze ans un homme s'est appliqué à ne jamais faire carrière, s'est mis en danger dans chacun de ses rôles, s'est épuisé à faire le clown jusqu'à ce que ses enfants, un soir où il les raccompagne, lui disent : « Alors, c'est ça ton métier ? »

Comme toujours on encense d'abord pour brûler ensuite : « La revanche du jeune prof brimé » *(France-Dimanche)* ; « Il entre en scène comme on rentre en religion » *(Biba)* ; « Le triomphe de l'anti-star » *(Danielle Attali)* ; « La voie royale de Philippe Léotard » *(Le Figaro)* ;

« Le paysan de Paris »... ; « Le nouveau prince du dilettantisme » ; etc., etc.

De cette année-là Philippe ne se remettra pas vraiment. Car c'est aussi la consécration publique d'une déchirure profonde. Une photo, une seule photo pourrait l'illustrer : au cours du dîner qui suit la cérémonie (là, il se sent obligé de venir, il est quand même heureux, le Borg de *La Balance*), il faut couper le gâteau qui termine le souper. Il y a Catherine Deneuve qui tient le couteau, il y a les heureux, les envieux, les purs, les mauvais, la compagnie de ceux qui s'enivrent et de ceux qui s'inquiètent. Il y a Nathalie, Johnny et Philippe... Sous-titre de *France-Soir* : « La fête n'aurait pas été complète pour Nathalie Baye si Johnny n'était pas venu. »

Ce n'aurait été qu'une muflerie ordinaire si Philippe n'avait pas trouvé, au même moment, dans *Combat de nègre et de chiens*, une autre consécration, plus discrète, plus authentique, beaucoup plus belle à ses yeux. Il le dit, parlant du césar depuis sa loge des Amandiers :

« Pour moi la grosse chance, ce n'est pas de l'avoir (je l'aurais eu), c'est de l'avoir obtenu non seulement la bonne année, mais en plus, le bon jour; pendant que je joue cette pièce ici... »

Car le clown paillard, l'homme des histoires triviales, le copain de Coluche, avait – comme ce dernier – une dignité secrète, une souffrance de guerrier méconnu : il était un acteur et il mettait dans ce mot une immense élégance.

« De toute façon, il ne faut pas sourire dehors, parce qu'il y a des gens qui ont peur dans la rue, et alors ils appellent la police [1]. »

---

1. Propos rapportés par Gilbert Perrin, *La Vie,* 27 octobre 1988.

Qu'en est-il de la vie rêvée des anges ? Ton cinéma, là-haut, c'est quoi ?

Laisse-moi tenter un début de scénario. Très sommaire. Juste pour voir, juste histoire d'imaginer ta nouvelle légèreté.

Ça commence comme ça : quatre types, de dos, accoudés au comptoir d'un bistrot. Lumière tamisée. Décor bleu pâle. Petits carreaux derrière lesquels passent des personnages que l'on ne distingue pas tout de suite. Simplement des ombres. Un gros plan sur un verre de bière. Il y a de la mousse qui déborde légèrement. Peu à peu (effets spéciaux, pas chers...) c'est comme dans un tableau de Magritte : on dirait un nuage posé délicatement sur le verre. La caméra passe de l'autre côté du comptoir. On voit successivement le visage des quatre types. Perplexes. Je ne sais pas comment on fait pour avoir l'air perplexe, mais toi tu dois savoir...

D'abord Coluche. « C'est l'histoire d'un mec... » Il commence comme ça bien sûr, et tu sembles un peu gêné... Tu as habité avec lui, dans la même maison. Quand il s'est planté, avec sa moto, tu es allé chercher des joints, dans sa chambre. (On ne sait jamais...) A mon avis, il l'a appris.

On voit son visage, ses petites lunettes rondes, sa salopette trop courte... Il te regarde, il est un peu irrité parce que tu n'écoutes pas. Tu sais réciter des poèmes, ça l'épate. Mais écouter, pour toi, c'est plus difficile. Zoom sur les bottines de Coluche.

Le deuxième homme c'est Dewaere. Il est plus fragile encore qu'avant. Presque transparent. Sa moustache est devenue un peu grise. Il est sérieux. Une sorte de gentleman anglais qui dîne avec des voyous. Très français, eux.

Le troisième, c'est Pialat. Naturellement, il fait la gueule. On voit bien qu'il vient d'arriver. Il trouve que vous en faites trop. Trop dans vos rôles... Vous acceptez un peu facilement, à ses yeux, cette situation d'apesanteur.

La musique : au loin, on entend Dean Martin. « Just my rifle, my poney and me... »

Toi, le quatrième, ça te plaît, maintenant. Ça se voit lorsque tu es satisfait : tu as des *petites rides qui se plissent, de chaque côté des yeux... Mais tu n'arrives pas à être gentil. Tu dis « Miou-Miou, c'était une fille formidable... » Et là, ça se gâte... Dewaere se lève et dit : « Ça commence très mal, ton histoire. Je ne sais pas si je vais rester... » Alors, il y a comme un malaise.*

Coluche, conciliant : « tu sais, les gonzesses... »

Toi, tu dis : « Et alors, les gonzesses ? Avec ta gueule, tu sais ce que c'est, toi, les gonzesses ? » Et puis tu fais le sentencieux, tu expliques : « Tu vois, elles disent toujours "parce que !" lorsqu'elles refusent quelque chose. Par exemple, tu veux partager leur chambre. Tu leur demandes pourquoi elles ne veulent pas. Et elles répondent toujours "parce que !". Cette réponse, c'est tout le mystère de la femme. A mon avis, il n'y a rien à comprendre... »

La caméra s'éloigne de vous, fixe les ombres derrière les carreaux. Peu à peu ces ombres deviennent des corps, des personnes. On aperçoit le visage de Lino Ventura qui essaie de voir qui vous êtes. Il passe d'un carreau à l'autre, intrigué. On ne l'avait pas prévenu. Ça ne lui plaît pas beaucoup.

Dans un coin du bistrot, vos ailes sont accrochées. Sur les tiennes (re-zoom) on peut lire W.W. Tu as toujours aimé Wim Wenders. Les autres voudraient bien te les piquer. C'est du dernier cri... Mais tu veilles!

Puis le serveur s'approche de vous. C'est Yves Montand. Il est propre, aérien, céleste. Il sait à qui il a affaire. Il est là depuis longtemps. Assez distant, élégant. Il craint le pire.

Mais je m'arrête, fils. Tu vois bien que tout ça va tourner à la bagarre. Un jour où ça n'allait pas, tu avais écrit : « ... sans le projet de se voir heureux, que faire de toutes ces cellules, devenues luxueuses [1] *? »*

Maintenant, tu sais ce qu'il en était : c'était un luxe de vivre avec tant d'amour.

1. PJSL, p. 161.

Ici Paris, Télé Star, les journaux à sensations, vers la fin se sont un peu lâchés. Ils venaient sur lui comme des abeilles sur le sucre. Quand le malheur est là, que les amours s'écrivent en public, que les séparations sont exaltées, il y a un refuge, toujours, au milieu de ces pages. Les titres remplacent l'information, la grosseur (la grossièreté) des caractères se prend pour une vérité.

Je lis aujourd'hui ce que l'on proclamait hier dans ces journaux fascinés par l'adultère et les ruptures. En 1994 : « L'aveu déchirant de Philippe Léotard [1]. » En 1991 : « Léotard : adieu la France ! Il s'exile au Québec ! » Et Philippe en rajoutait : « Je pense que j'y enseignerai l'art dramatique [2]... » Le journal d'ailleurs n'était pas modeste sur le raccourci historique : « Léo sur les traces de Jacques Cartier » !!!

France-Dimanche, rubrique « La vie des gens célèbres » : « Philippe Léotard, guéri de l'alcool par l'amour et un bébé [3] ! » Et quelques années plus tard : « Dans un linceul de boue, il a retrouvé le corps sans vie de son premier amour [4] ! »

L'on pourrait continuer ainsi longtemps sur Philippe, comme si son chapeau attirait les formules, à la Philip Marlowe, comme s'il avait des mains fluorescentes.

J'ai connu ça : lorsque qu'on se met soi-même en scène, il ne faut pas se plaindre des projecteurs. Mais je me suis posé la question : d'où venait, chez lui, chez moi, cette volonté d'exposition, ou de surexposition selon le terme des photographes ? Impudeur ? Arrogance ? Ou simplement, désir ? Je crois plutôt à la vérité de ce dernier mot. Désir de faire partager ce à quoi l'on croit, ce dont on doute, ce qui épouvante ou ce qui fait rêver.

La réponse à ce désir, elle est dans la salle, dans les journaux, dans le regard des gens. Peut-on être un homme public sans qu'il y ait un public ? C'est un risque qui guette à la fois l'homme politique, le journaliste, le curé ou le comédien. Reconnaissons-le : davantage le premier que les autres ! Cela s'appelle le flop, le four, le bide... Ou de façon plus élégante : l'abstention ! Petits mots pour grands chagrins.

Si l'on ne veut pas prendre ce risque, ne subir ni confrontation ni jugement, alors il faut accepter un autre risque : celui de n'être qu'un voyeur...

Longue vie donc aux journaux à sensations (et aux autres...). Tout le monde le sait : les sensations sont une forme élaborée du mensonge. Lorsque j'étais petit, on disait : « c'est sensass ! » Puis : « c'est génial ! » Puis : « c'est trop... » Aujourd'hui, dans les cours de collège : « c'est trop mortel ! »

Ça, c'est assez juste ! La sensation, c'est trop mortel !

---

1. *Ici Paris*, décembre 1994.
2. *Télé Star*, mai 1991.
3. *France-Dimanche*, 17 octobre 1988.
4. *France-Dimanche*, 15 novembre 1992.

Tu as dit un jour n'avoir jamais voté [1]*... Bon. Je ne peux pas m'en réjouir. Mais tu étais comme ça. Ton vrai parti c'était l'enfance. Je connais de toi un engagement méconnu. Tu avais posé, avec ton nez rouge, dans un livre pour des enfants atteints du cancer :* Red Noze Book. *Tu avais donné du temps, de l'affection, du rire pour cette si belle cause. Il faut reconnaître qu'à côté de cela, le reste (querelles, apostrophes, mensonges ou promesses...), s'il ne résume pas la politique, la rend singulièrement basse.*

Lorsque tu avais proclamé ton royalisme, la presse, médusée, en était restée muette. Bouche ouverte, les yeux ronds. C'était comme tes penaltys dans le bois de Vincennes. Je plongeais à gauche, tu tirais à droite...

Vois-tu, être dilettante c'est un vrai métier. Il faut travailler beaucoup pour ça. Et ton travail, c'était de tenir à distance tout ce qui n'a pas d'importance.

L'argent, le corps (le tien, en tout cas...), le quotidien des événements politiques te laissaient indifférent. J'aurais volontiers dit « de marbre », si ce n'était cette douceur que tu recherchais pour poser ton visage dans la blancheur des femmes.

Alors royaliste, pourquoi pas ? C'est tellement peu à la mode, décalé, détruit... Et puis ce n'est pas de la politique, ça, c'est la France, dirais-tu en levant la tête ! Comme lorsque tu citais Murat, devant le peloton d'exécution : « Visez le cœur. N'abîmez pas le visage ! » La politique c'est comme la guerre : il y faut du panache, sinon c'est d'une tristesse...

Bien entendu les journalistes tentaient de nous opposer, de jouer au face-à-face, au duel fraternel qui aurait fait vendre. Hélas, cela ne marchait pas. Tu parlais du ministre-frère : « Pour moi, il y a un homme qui se bagarre avec sincérité et désintéressement pour des choses que je ne juge pas. Ça fonctionne et c'est bien... » Et puis aussi : « C'est un homme que j'adore. Il est formidable. » Mine un peu dépitée du preneur de notes... C'est la vie ! Nous ne sommes que rarement là où on nous attend. J'ai retenu au moins cela de toi : arriver à l'improviste, partir côté jardin, se taire côté cour... Et puis, t'écouter lorsque tu dis des choses justes : « Vous les politiciens, ne faites pas du Coluche à ma place. Gouvernez bien l'Etat... Moi je suis là pour vous faire rire et, trop souvent, c'est le contraire qui arrive[2]. » *Ou alors, parlant de moi : « Il croit qu'il a le pouvoir, et moi l'illusion du pouvoir. Il se trompe, c'est l'inverse*[3]. »

1. *Tonus*, n° 736.
2. *L'Express*, 14 octobre 1988.
3. *Le Quotidien de Paris*, 10 novembre 1992.

Au cinéma, on appelle cela un flash-back. Dans la vie, c'est un souvenir et c'est plus difficile à protéger. Pour Philippe, ça se complique parce qu'il bouge sans cesse. On se souvient mal de l'eau d'une rivière.

Mais, à l'intérieur, les photos sont à peine jaunies, juste un peu déchirées. Je veux dire : à l'intérieur d'une mémoire, à l'intérieur de l'affection, lorsque les visages ne parviennent pas à disparaître.

J'ai des images, comme ça, qui forment un livre instable. Jadis on appelait cela des « Mémoires ». Avec un M majuscule. Aujourd'hui c'est un album qui se déchire. Je le recolle. Il m'accompagne dans mes voyages.

Album de Philippe :

Un jour, en Irlande, il part à l'assaut d'un tracteur. Un Irlandais sur un tracteur, c'est une falaise. Il a fallu s'interposer, dissuader la falaise. Je me souviens du raffinement des injures.

Une autre fois, son visage est ensanglanté, son genou ouvert. Nous avions fait un pari. Une course en vélo. Il avait voulu éviter un noyau de pêche. Enfin, c'est ce qu'il m'a dit. Je me souviens des morceaux de cailloux, collés dans le sang.

Une jeune fille avec lui sous un figuier. Je suis obligé de les laisser. Je pars. Le chemin est désert. Il crie de loin : « Dis bien que je fais du latin. » Je me souviens de l'odeur des figues. Je me souviens de la fille et de son contentement.

Un soir, il résiste au père. Une obscure histoire de carnet de notes. Signature imitée, faux en écriture privée, absences fréquentes. Je me souviens du bruit de la lourde bague sur la joue de mon frère.

Au Casino de Paris, il chante « Je rêve que je dors ». Il y a Philippe Servain que je ne connais pas encore. Je vais dans la loge, me faufile entre les curieux, les amis. Il est épuisé. Il m'embrasse. Je me souviens de sa sueur.

Dans le jardin, près des lauriers-roses. Il fait bon. Il est avec Maman. Tous les deux assis sur un banc. Ils regardent dans le vide et sourient.

Ils sont immobiles, l'un et l'autre. Ils ne peuvent plus marcher. Je me souviens de leur silence.

Sur le trottoir, devant la Closerie des Lilas. Il a Faustine, sa fille, sur les épaules. Il danse, il chante. Les gens s'arrêtent. Je ne sais pas quoi faire. Il est heureux. Les serveurs sont sortis. Ils font la haie, en noir et blanc. Je me souviens de sa légèreté.

Ses cheveux sont devenus gris, sa peau plus épaisse. Il n'articule plus vraiment. Il dit : « Et toi, ça va ? » Les infirmières chuchotent derrière la porte. Sous le lit : des livres, des bouteilles, des mégots. La chambre est blanche. Je me souviens de sa tristesse.

Au fond de la cave, à Fréjus. Il tape sur un piano. Ce pourrait être du jazz. Les bougies faiblissent, coulent sur la laque noire de l'instrument. Sur le sol aussi. Il joue. Il est beau, intact. Il s'est levé avec la nuit, voici plusieurs heures. Il ne dormira plus. Je me souviens de sa jeunesse.

A la Cigale. Une chanson de Zao, le Congolais. Il a appelé ça « Anciens combattants ». Et on entend ce mot : cadavere, cadavere... Toujours la guerre, toujours les morts. Et le cœur de l'Afrique qui bat. Je me souviens de son désarroi.

Dans un bar avec Coluche. Il y a les copains, les cigarettes, la chaleur, la nuit qui colle à la peau. Il joue avec les mots, avec ses mains. Il boit beaucoup. D'un seul coup, il ne sait plus quoi dire. Il regarde la porte, la rue. Je me souviens de sa fuite.

En Corse, dans la montagne. Le grand-père est là, le « babbu ». Nous sommes assis dans la bergerie. Sur des tabourets de bois. Au milieu de nous, sur une planche, le fromage. Un peu habité. L'odeur est lourde, insistante. Le berger parle. La langue est belle, une vieille langue. Je me souviens de ses yeux bleus.

Poème pour que les mots reposent autour de lui

Douce, amère et brisée, ma mémoire. Et
longue, ensevelie la terre de nos traces.
Ce bref instant était le nôtre,
et l'absence elle-même se dérobe.
Qu'y a-t-il encore à partager sous ton soleil ?
Tu buvais pour écarter les démons-
souvenirs, guerriers de chaque instant,
postés aux frontières de notre ancienne enfance.
Et moi, qu'ai-je à dire depuis que j'ai
passé l'âge de ta brûlure ?
Souviens-toi du sable et du sel. Des
douces paumes des femmes dans la mer,
le mois de juin, notre insouciance.
Souviens-toi des ventres et des cheveux.
Il y avait là de quoi vivre longtemps.

Et ta maison ouverte aux cris
avait des paroles secrètes, sous les tuiles.
Lauriers-visages, manières de dire, il y
avait des compagnons dehors.
Et les filles riaient sur les bancs du
boulevard.
Je sais leurs dents, l'hiver, la cruauté. Je
sais les bars et les carreaux de pluie.
Dis bien à ceux des silences qui se sont
éparpillés
que nous avons pitié de leurs entreprises.
Et mets dans mon oreille,
pour moi seul,
le prénom de celle que tu as aimée,
cette Indienne aux pieds dévêtus
dont la robe rouge
est comme une île dans la levée du jour.

« Comédien, chanteur et allumé notoire [1] », Philippe s'élance vers les chansons. Faire chanteur ? « Pourquoi pas libellule ou papillon ? » (Air de jeunesse...) Bien sûr il y avait ses copains : Dutronc, Lavilliers, Nougaro, Servain à l'accordéon. Bien sûr, il y avait ce goût pour la musicalité des langues. Il ne parlait pas vraiment les langues africaines mais il entendait leurs musiques, arrivait à se mouler dans leurs rythmes, instinctivement, épousait leurs syllabes comme il avait, toute sa vie, épousé ses rôles. De là également son goût pour les contrepèteries. Il se présentait parfois : « Pierre Loto, enseigne de vessie »... Il suffisait de passer d'une voyelle à l'autre et le monde changeait.

Mais il y avait plus. Il poursuivait, méthodiquement, sa mise à nu, l'épreuve du feu. Philippe Servain, l'homme qui a probablement le mieux compris sa musique intérieure et la délivrance qu'il en éprouvait, n'accompagnait pas seulement. Il le précédait, l'enveloppait, entourait sa souffrance et sa joie. Il faut entendre ces disques, en partie inédits, où les deux Philippe se répondent et se taisent. Le public est comme ajouté à un dialogue dans lequel l'accordéon transmet la plainte et le rêve, la solitude, le paysage du poème.

Car chanter, pour mon frère, ou réciter Lautréamont, Rimbaud, Baudelaire, Aragon, c'était la même chose. Il ne voulait d'ailleurs pas faire de disque. Au début du moins. C'était la scène, toujours la scène qui l'attirait. La scène, avec son corps à lui, en plein milieu, le corps des autres, en face, les gestes vastes, la possibilité de marcher, de sauter, de se tourner vers les musiciens, de les interpeller.

« J'aime les grands brûlés », avait écrit Claude Nougaro en parlant de Philippe. « Eux seuls répandent cette poignante odeur des fraîcheurs primordiales [2]. » Pour ça, il faut sortir des studios et vivre dans la réalité physique d'une salle, avec sa lumière, le bruit, le chuchotement dans les coulisses, il faut « monter au front », selon l'expression de Philippe. Et il ajoutait « Il faut sept générations pour faire un musicien [3]... » Dans la famille, il n'en était qu'à la première... Et là encore, un succès. Certainement le dernier, mais pour lui inestimable : le Grand Prix de l'Académie Charles-Cros, en 1990, pour *A l'amour comme à la guerre* [4]. Il avait sauté six générations...

J'écoute aujourd'hui les chansons de cet album. Elles résument une vie chaotique et pourtant unifiée, lumineuse [5]. Les photos qui accompagnent la pochette sont celles d'un itinéraire : Maman en jeune fille, avec un grand ruban noué dans les cheveux, Emmanuelle en garde rouge, Faustine en petite fille, la loge des Amandiers, l'accordéon de Philippe Servain et – comme une conclusion provisoire – des images d'*Exit-Exil*, l'un de ses films les plus insolites.

A la dernière page, il y a un mot de l'autre Philippe (Servain). « ... Si Philippe ne m'avait pas aimé, et si je n'avais pas aimé Philippe, rien de tout cela ne serait arrivé. »

Et le journal *Le Monde* conclut : il est « l'enfant d'Edith Piaf, le petit frère de Gainsbourg et de Ferré et aujourd'hui un peu grand frère d'Arno ou Mano Solo [6]. »

---

1. *L'Hebdo suisse*, 17 décembre 1992.
2. En présentation du disque *Je rêve que je dors*, Sony Music Entertainment - SA Columbia.
3. Cité par Philippe Servain, Entretien, 4 décembre 2002.
4. Edité par Gorgone Productions (2001) avec *Léotard chante Ferré*. Les deux CD ont obtenu le Grand Prix de l'Académie Charles-Cros.
5. « On est dans un pays où c'est fromage ou dessert. Eh bien moi, je n'ai pas envie de me priver. Ce n'est pas parce que je suis acteur que je ne chanterai pas. » (*Le Figaro*, 17 octobre 1988).
6. Véronique Mortaigne, *Le Monde*, 9 octobre 1996.

Pour ce qui concerne tes femmes « officielles », je n'ai pas tout compris ! S'il faut faire une succession des règnes, on peut tenter une certaine approximation :

1) Liliane ; 2) Nathalie ; 3) Emmanuelle I ; 4) Clara ; 5) Emmanuelle II.

Mais même de cela je ne suis pas sûr. Ce n'est ni une hiérarchie, ni vraiment une succession... Il y a eu des chevauchements, des ruptures, des retrouvailles, des portes claquées et certaines qui sont restées entrouvertes. Mais je suis sûr d'une chose : c'est qu'à chaque fois, de ton côté, il y eut du repentir. Un vrai repentir : le sentiment d'avoir manqué quelque chose, d'avoir oublié qu'elles existaient aussi.

Tu les as aimées, sans aucun doute. Comme tous les hommes, tu t'es aimé à travers elles.

Chacune a eu droit à sa passion. A chaque fois exclusive. A chaque fois partagée avec d'autres territoires de la vie que tu défrichais avec la même impatience : la musique, les livres, les voyages, des amours plus éphémères, moins construites ou plus décevantes. Et puis surtout, il faut bien le dire, des paradis qu'elles ont jugés artificiels.

Permets-moi de te le dire, vieux : je crois qu'elles avaient raison.

D'abord raison de t'aimer. Parce que, malgré tout, tu as été aimable. Michel Piccoli me disait même : extrêmement élégant avec les femmes... Donc aimable et élégant, d'accord.

Raison de t'aimer parce que, sans elles, tu serais mort à plusieurs reprises. Ce qui fatigue quand même.

Raison aussi parce que la mère qui sommeille en chacune d'elles s'est révélée dans ses étreintes. Je ne suis pas certain que tu aies dominé qui que ce soit. Mais ce n'est pas le but du jeu... Je connais ta réponse. Tu l'as déjà dit : « C'est la fille qui est en moi qui m'a appris ce que je sais. Je me sens féminin mais je suis aussi corse et macho que les autres... Un homme qui s'aperçoit qu'il est féminin, il devrait sauter de joie. Mais les femmes libérées, c'est ce qui me fait le plus peur [1]. »

Moi, je les aime toutes. Qu'elles soient libérées ou pas. Parce qu'elles savent sur toi des *choses que j'ignore. Parce que je sais que les meilleurs moments de ta vie, c'est auprès d'elles que tu les as passés. Parce que je crois aussi que sans les femmes tu aurais été inutile, coupé en deux, frappé d'alignement, désamorcé – je ne sais pas quel est le bon terme. Peut-être un homme-tronc...*

Heureusement, il y a des gestes qui se prolongent après la rupture. « Emmanuelle n'est plus ma femme mais elle est restée mon amie[2]*. » Effectivement elle est ton éditrice, elle t'aide, répare les pots cassés. Il faut le faire !*

Alors je dois les aimer les femmes de ta vie. Chacune a choisi une vie sans toi, plus paisible, plus douce, plus conforme sans doute à la réalité de ses désirs.

Mais je sais qu'elles t'ont accroché au mur, au-dessus de la cheminée, en tout cas dans leurs cœurs. Elles ont, chacune, leur chambre verte, le petit domaine fermé dans lequel tu continues, jeune poulain, à t'ébrouer.

---

1. Propos rapportés par André Drossart, *Le Vif/L'Express*, 24 avril 1987

2. Propos rapportés par E. Girardin-Briand, *Télé 7 Jours*, septembre 1996.

Il disait : « Au cinéma, on m'appelle le fondu enchaîné. » Il n'était pas plus fondu qu'un autre. Et un peu moins sans doute que les « ironiques » du vrai « Milieu », celui des petits complots ordinaires, de la bonne conscience et de la gouvernance affairée de soi-même.

Par contre, il faut bien parler de la drogue. Précédé par une longue procession d'écrivains, d'artistes et... d'humains très malheureux, il s'était engagé sur ce chemin sans issue.

Je ne comprenais pas, et je ne comprends toujours pas, la destruction systématique de l'intelligence. Il me semble qu'il y a là un jeu qui a sans doute des causes mais jamais un sens, sans aucun doute un rapport avec la douleur mais jamais avec la joie. Nous savons, nous devrions savoir que la dégradation du corps par toutes sortes de sévices ou d'illusions périlleuses, n'est qu'une anticipation sur l'ultime rencontre. Nous devrions savoir aussi que le sabotage du cerveau, la seule machine qui nous rende à peu près dignes, est une façon plus rapide que d'autres de descendre vers l'infra-humain. Dans ces ténèbres, il n'y a que de l'infortune. L'enfer existe bien. Il est ici, au milieu de nous et la drogue est l'une de ses entrées. Probablement la plus facile.

Inutile de le cacher : je n'ai pas aimé cette lente et constante abdication de la raison. Ne jamais juger fut ma règle comme ce fut le comportement de tous ceux qui l'aimaient. Mais la souffrance était là, elle accompagnait la sienne, s'y mêlait étroitement, éloignait parfois, comme superflu, le sentiment de respect.

Le mot maladie serait juste si ce n'était pas une maladie à laquelle on aspire, que l'on désire, que l'on habille de tendresse et de mots pour la faire pénétrer plus profondément en soi, pour qu'elle détruise un peu plus ce que l'on avait appelé jadis – du temps de l'enfance – la joie de vivre. Il la connaissait d'ailleurs cette maladie. C'était une ennemie personnelle avec laquelle il entretenait des rapports d'amour-haine, un face-à-face téméraire et fatal [1].

Je ne m'y fais toujours pas. Je me souviens des hôpitaux dont il faisait le mur, des cures de sevrage d'où il s'échappait, des lavabos où s'accumulaient les cachets multicolores. Il reconnaissait : « ... je ne vois pas sincèrement de moyen honnête de vanter les mérites de tout cela [2]. » Puisqu'il ne pouvait ni s'en vanter, ni s'en cacher, il vivait sa mise à nu, sa descente aux abîmes, avec l'étonnement d'un enfant qui ne comprend pas qu'on l'empêche de goûter de la mort aux rats.

« Seul à Cinoque City, commune de Pinambule, chez les hommes. On choisit sa souffrance [2]. »

---

1. « Je suis ma propre Cassandre. Je sais, en gros, tout ce qui va m'arriver. » (Propos rapportés par Philippe Bouvard, *Paris Match*, octobre 1988.

2. CRC, p. 25, 13.

Lorsque Servain viendra te voir, là-bas, le plus tard possible quand même (il n'y a pas d'urgence), il aura son accordéon. Vous allez faire un tabac, tous les deux. Lui avec sa crinière de fauve heureux, toi avec tes yeux inquiets, toujours prêts à séduire...

Mais y a-t-il des jeunes filles, là-haut ? Des langoureuses, des absentes, des indolentes, des dormeuses ? Y a-t-il un vrai public qui soit – si j'ose dire – à ta hauteur ?

Ils ont dû s'arrêter au soixante-dix-huit tours... « Le temps qu'on écoutait des disques au creux des sillons de cire[1]*. » Ou peut-être même avant : la musique dans les arbres de la nuit, quand c'était le vent qui donnait à rêver.*

La vibration de la matière, tu l'as exprimée avant qu'elle ne se détruise en toi. Souffler dans un tuyau, taper sur une corde, faire aller sa voix dans les émotions, les colères, c'est toujours jouer avec son corps, c'est éviter que le temps lui-même ne se mette à vieillir. Car si l'on ne fait pas attention, ce n'est pas le silence qui nous surprendra. C'est le bruit. Il occupera toute la place, il nous empêchera de grandir, il fera le vide à l'intérieur de nous.

Il faudrait que tu recommences à fredonner. Des vieux blues, des airs de westerns... Comme tu le faisais jadis. La voix d'avant. C'était n'importe quoi mais ça permettait de savoir où tu étais dans la maison. C'était aussi notre météo. Lorsque c'était L'internationale *c'est qu'on avait dû te dérober un stylo-bille, ou une gomme. Si c'était Amalia Rodriguez c'est que tu avais du vague à l'âme, une petite dépression sur ton Atlantique nord. Si c'était Mozart, « riposate, vezzose ragazze », ou bien « mille e tre », tu avais une histoire d'amour en phase d'accélération. Si c'était Tino Rossi, alors tu voulais revoir la mer, ou bien faire plaisir à Maman.*

Notre grille de lecture était simple. Elle déchiffrait une âme transparente. Comme tu l'as chanté ensuite : « Y avait des apprentis saphir. »

Et tu étais toi-même cette petite pierre précieuse sur laquelle il fallait souffler pour éviter que la poussière s'y installe.

1. Chanson « Ch'te play plus » (Gorgone Productions, *A l'amour comme à la guerre*).

Le Château de Cène, c'est à la fois un opéra fantastique, un spectacle total, un parcours initiatique, et... un scandale. Tous ces mots sont empruntés à la presse du moment.

Mais c'est d'abord un livre de Bernard Noël paru en 1969, interdit longtemps, adapté et mis en scène en 1990 par Patrick Brunie.

Si l'on reprend le bandeau rouge de l'Arpenteur, la maison d'édition, on a une sorte de définition par étapes. Je cite :

— Interdit et saisi en 1969
— Condamné pour outrage aux mœurs en 1973
— Fait appel pour outrage aux mots en 1975
— Remis en liberté en 1977
— Porté à la scène avec Philippe Léotard en 1990.

Philippe dira : « Le livre de Bernard Noël est d'une beauté inouïe... C'est une littérature en risque, une avancée unique à l'intérieur de nos sens [1]. »

« Performance bouleversante », retiendra *l'Express* [2] de ce face-à-face, au Bataclan, entre Philippe et « la marée montante de mots blancs qui nous baignerait à contretemps » (Bernard Noël).

Qui d'autre que lui pouvait ainsi s'élever contre la police que nous avons tous dans la bouche et dans la tête, police du roman érotique qui se traduira par la censure ?

Il le fait avec d'autant plus de courage que le metteur en scène manifeste, depuis la salle, son désaccord ! Un soir, Philippe écourte le spectacle pour lire au public les lettres de récriminations de Patrick Brunie qui, furieux, finit par monter sur scène et conclure devant la salle ébahie : « Le pire, c'est que je l'adore ! »

J'aime cette controverse entre deux libertés. A un journaliste qui lui demandait quelle était la phrase pouvant servir de fil conducteur au spectacle, Philippe répondit :

« Peut-être celle-ci : Je cherche un long, immense et raisonné dérèglement de la réalité, car celle en qui l'on croit n'est que la part mesquine qu'il faut faire éclater, la surface [3]. »

1. Serge Raffy, *Le Nouvel Observateur*, décembre 1990.
2. *L'Express*, décembre 1990.
3. Propos recueillis par Nicolas Choffel, *Le Figaro*, novembre 1990.

Le jour où Clara – je peux te le dire – a appris ta mort, enfin, ce qu'on a appelé ta mort, elle est sortie de la maison (je ne sais pas où elle était), elle s'est souvenue de ton rire, de ton visage raviné, elle a vu un champ de blé. Elle s'est dit : « Il est là aussi, il est dans les épis, dans le mouvement du ciel, il est dans les collines que je vois, moi, vivante. » Et je crois qu'elle était sereine, Clara. Elle était encore au début de sa vie. Mais, avec toi, toutes les femmes que tu as pu connaître étaient au début de leur vie. Toi, tu t'enfermais dans une fin interminable.

J'ai une photo de toi avec Clara, en Corse. Ce doit être du côté de Piana. Naturellement, la mer est là. Tu lui tournes le dos (bon réflexe... C'est toujours de la mer qu'est venu le danger...) et tu es assis sur un rocher avec une canne dans la main. Je ne connais pas cette canne. Je suppose simplement que vous êtes près de ta fin à toi. Permets-moi de le dire : au tout début de la mort. Tu marches peu. Tu n'y arrives plus. La canne, c'est déjà dans le questionnement du Sphinx, il y a tant de milliers d'années ! Quel est celui qui marche avec trois pattes ?

Tu sais la réponse mais tu fais le parrain, puisqu'il y a la mer (la mère ?) corse et puis Clara. Alors tu joues au berger, au prophète, à l'homme dont la sagesse est assise, acquise : au vieux quoi... Un peu de Gabin, un peu de Ventura, un peu de Marlon Brando, vers la fin...

En voyant cette photo, je fais ce que je n'ai jamais fait avec toi. Je te donne un conseil. Il ne faut pas se plonger comme ça dans la vieillesse. Il ne faut renoncer à rien. Je dis bien : à rien, tu m'entends. Il est toujours temps de commencer à être heureux. Jusqu'au dernier moment, jusqu'au premier sourire.

Nous sommes vingt ans après. Il aurait appelé cette étrange cérémonie : les Socrates. C'est normal, il était hostile au Césarisme sous toutes ses formes.

Nous sommes en 2003 et nous sommes de nouveau devant un spectacle à l'intérieur du spectacle. Une célébration qui se célèbre elle-même. Nuit des Césars, nuit des disparus (Toscan, Pialat...) et nuit de ceux qui vont disparaître. Les anciens ministres de la Culture se font applaudir. Les nouveaux se font siffler. Les acteurs sont médusés de voir qu'on les aime. Les obscurs n'en reviennent pas d'être là. Bref, tout le monde est surpris. Sauf le public qui, chez lui, affalé, boit du coca light.

Les Socrates, ç'aurait été autre chose. On aurait parlé livres, bons mots, joyeux déjeuners, tristes fins. On aurait utilisé des subjonctifs incroyables, des plus-que-parfait, des rimes à la « Jerimadeth »...

Il y aurait eu des allusions, des illusions. Pas d'intellectuels, non. Seulement des écrivains. Ce qui n'est généralement pas la même chose. La télé aurait été jetée dehors. Avec courtoisie, mais fermement. Le président aurait été agrégé de grammaire, totalement inconnu, plutôt chauve...

Et puis Philippe, mal vêtu, pas très éveillé, aurait dit ceci : « Je ne suis pas un ivrogne qui écrit / je suis un écrivain qui boit » (Antoine Blondin).

Les applaudissements auraient été mesurés. Personne n'aurait osé parler de « standing ovation » et j'aurais, dans un vieux carnet, tenté de mauvais vers :

Mais dans un coin caché un poète endormi
Aurait écrit sans rire pour ses lecteurs enfuis :
Une nuit d'aventure et de propos candides
Ouverte au jeu des mots, accessible à l'emphase
Une nuit seulement ébranlant sur ses bases
Le souverain empire des balbutiants sordides.

Je peux t'en parler maintenant, l'ancien : aujourd'hui je suis devenu plus vieux que toi. C'est drôle de dépasser, en âge, son frère aîné! Mais enfin ça me permet, pour la première fois, d'avoir une certaine autorité sur toi.

Alors écoute bien : lorsque je rencontre quelqu'un, dans la rue, qui a eu l'honneur de te connaître, il me dit : « Ah, votre frère, le pauvre! » On me dit aussi parfois : « Votre pauvre père », « votre pauvre mère ». C'est très provençal ça : le mort est toujours pauvre.

Mais je ne laisse pas passer. Je réponds toujours : « Il n'était pas pauvre, mon frère! » Je sais que tu n'avais pas un sou. Comme disait maman, tu jetais l'argent par les fenêtres. Et tu n'en as jamais eu beaucoup. C'était ce que tu appelais ton vœu de pauvreté, tout à fait autre chose que le malheur. C'étaient les autres qui payaient...

Le « pauvre frère », cela voulait dire le malheureux... J'affirme ici que tu étais heureux ! A ta manière à toi sans doute : un bonheur plein d'épines et d'épices, un bonheur tendu comme un arc, un bonheur nocturne[1].

Alors, sois heureux, vieux. Ce sera ta façon de répondre à ceux qui ne t'aimaient pas.

1. « D'être acteur, j'ai l'impression d'en être " mouru " d'être allé au fin fond de... Et si mon plaisir était de mourir de ça ? » (JLM, p. 165).

Français jusqu'au bout des ongles et en même temps cosmopolite, il avait le goût des langues. Suffisamment pour que, sans cesse, elles le ramènent à sa langue primitive : celle de Racine, de Genet, ou de Senghor qui est heureusement la même.

Au festival d'été international de Québec, en 1991, il obtient le prix de la chanson d'expression française pour, dit le jury, « un coup de foudre à haute altitude ». Tout autant qu'à la Cigale, à l'Olympia ou à La Rochelle, c'est en Suisse, à Bruxelles, à Montréal, au Luxembourg, en Afrique qu'il affirme ainsi son français universel. Pas toujours compris, d'ailleurs. Les Français, autour de lui, continuent à parler de one-man-show, de music-life, de tour de chant high ou de talk-show.

Alors il s'insurge : « Reset, ça ne pourrait pas se dire rembobiner ? D'accord, c'est quand même plus subtil que OK [1] »

Au Québec on entend cela avec un début de ravissement. Il fait penser, dit la presse, à Higelin et à Boris Vian [2]. Heureusement, devant les Québécois éberlués, il y a une petite polémique franco-française, dans la plus pure tradition des concours de beauté de nos chefs-lieux de canton.

« Que les jurés français socialistes aient préféré le frère d'un ridicule ministre giscardien à mon frère, cela en dit long sur le degré de dégénérescence et de corruption des élites de notre pays [3]. » Cette déclaration solennelle du frère de Renaud, le chanteur, est assez touchante pour Giscard et moi qui, à vrai dire, ne savons pas chanter.

Il reste qu'à aimer la France comme il l'aimait (« le seul pays francophone à être anglophile [4] »), Philippe en était venu à souhaiter que *Le temps des cerises* remplace *La Marseillaise*. Je suis d'accord avec lui sous une seule réserve : que l'accompagnement officiel soit celui de Philippe Servain à l'accordéon.

---

1. *Le Soir* (Belgique), 16 avril 1987
2. *Voir* (Québec), 11 juillet 1991.
3. *Soleil* (Québec), 16 juillet 1991.
4. *Nouvelle Gazette* (Belgique), 11 juin 1991.

A ton sujet, je revendique – comme le « pauvre » frère du chanteur Renaud – un seul défaut : mon manque à peu près total d'impartialité. Comment pourrais-je en avoir, moi qui n'en ai pas eu avec moi-même ?

Tu es comme ces enfants, ou ces touristes, qui achètent des petites boules de verre dans lesquelles – après les avoir secouées – tombe une neige d'occasion. Tu as secoué la boule. Tu as vu la neige. Il n'y avait pas la tour Eiffel, ni la crèche de Noël. Un clown seulement qui faisait de grands gestes pour se faire comprendre. Mais il était enfermé et il avait froid.

Alors, voyant que tu agitais cette boule, je me suis dit : « Bonheur à celui par qui le scandale arrive. » Je ne dis pas bonheur pour lui-même seulement. Je dis qu'il déchire un instant, cet homme heureux, le voile qui recouvre l'horreur de notre vie ou sa beauté.

Et en même temps, je pense qu'il croit à l'illusion de la neige. Il s'en est allé à la recherche de son enfance et il te ressemble, si j'ose dire, comme un frère.

Parce que je vais t'expliquer, vieux : les bols de sang donnés à boire par le grand-père, les bagarres, ce sentiment idiot que les filles, les sœurs, n'y comprendraient jamais rien, cette virilité qui ne s'épanouit que parce que le père n'est pas là, ça ne sert à rien. C'est une guerre contre le temps. Tu l'as menée. Tu l'as perdue. Comme tout le monde...

Il ne sert à rien de pleurer sur ce qui nous enveloppe : la mort qui vient, ses bras tendus, la houle immense de la bêtise, les femmes qui jamais plus ne nous aimeront, les garçons pour une fois plus forts que nous, la musique qui n'est plus la nôtre, les paysages enfouis.

Réveille-toi. Ta joie aujourd'hui, elle est solitaire, musicale. Elle est légère, à l'abri des regards comme elle aurait toujours dû le rester.

La nôtre est précaire. Totalement instable. Un jour tu pleures, un jour tu ris. Mais tous les jours il y a de la lumière, des enfants, des oiseaux, de la musique. Tous les jours j'essaie de comprendre et comme je ne comprends rien, je recommence. Il est toujours temps de vivre. Après on verra bien. Un grand trou noir ? Allons pour le trou noir. Autre chose ? Allons-y.

Il avait perdu son césar ! Pour un acte manqué, ce n'était pas mal... Perdu ? Volé ? Vendu ? on n'a jamais su. La pièce en bronze avait disparu. Si j'étais policier, je regarderais les photos, j'irais renifler dans sa loge, je ferais l'inspecteur Colombo... Il doit y avoir des collectionneurs pour ce genre d'objets, des maniaques, des imposteurs... Le soir même, il n'y avait que des jaloux, bien souriants, bien applaudissants... Il suffirait de chercher le plus traître, le plus tordu.

Je ne vais pas exiger la restitution du césar ! D'abord parce que j'aurais été bien incapable de le recevoir. Passez votre chemin, me dirait-on. Ensuite parce que je crois que celui (celle) qui l'a posé sur sa cheminée doit être heureux. Il ne faut pas toucher au bonheur des autres, ça vous retombe toujours dessus... Enfin, parce que je me demande si Philippe ne l'a pas vendu... Ou plus probablement donné, un soir de déprime, comme ça, lorsque la gloire n'est plus qu'un souvenir assez vague, un peu brumeux, perdu dans la tristesse.

On peut imaginer la scène : un dernier verre, il rentre à la maison, il s'endort. Il y a peut-être des copains d'occasion, des filles... On discute, on somnole, on se quitte. Les paroles partent avec les blousons, les casquettes... S'en aller avec ça, en plus, ce n'est pas très grave. On sait qu'il s'en fout, que le soir des césars, il n'est même pas venu, il préférait répéter aux Amandiers...

Je trouve que c'est une belle histoire. On ne peut pas être honoré par du métal qui brille. Jadis, les Papous, peut-être... On échange des bibelots, des bonnes paroles, des coquillages... On fait la paix avant de se massacrer. Philippe avait d'autres projets... plus légers, plus innocents...

« La gravité est ce que nous devons perdre à chaque instant [1]. »

---

1. PANR, p. 55.

Lorsque j'ai vu maman s'enraciner dans sa mort, lorsque brusquement son visage a changé pour devenir le visage de l'agonie, j'ai pensé à toi et j'ai pensé au film de Pialat, La Gueule ouverte.

Aujourd'hui Pialat, lui aussi, a la gueule ouverte. Il vient de mourir. Si je t'en parle c'est que tu as joué sous sa houlette. Tu m'avais raconté le désir qui était le sien de revoir sa mère. Sa mère dans la terre. Je ne sais pas comment exprimer cela ; on m'a toujours appris à parler des morts à voix basse. Tu m'as dit qu'il l'avait fait. Ce n'est plus un secret maintenant qu'il participe de la même communauté silencieuse. Tu l'as accompagné. Vous avez osé cette expédition nocturne vers une destination étrange : le cimetière. Il voulait, Pialat, ouvrir le couvercle, contempler le visage d'une maman morte. Je ne sais pas si on doit dire « fascination », ou bien « effroi », ou bien « sagesse ». Ce dont je me souviens, c'est de ta comparaison : « Sa mère ? un arbre mort qui s'est enfoui dans l'humus de la forêt. » Un sentiment de paix. Quelque chose comme une évidence. Pour beaucoup d'humains, cela est contenu dans le mot « poussière » : « pulver » en latin. « Tu es et tu redeviendras poussière », nous expliquait-on dans les textes sacrés. La poussière que je suis, en suspension, en attente, te rappelle que j'ai toujours dit cela. Ni toi, ni maman n'avez été pris en traître. Je vous avais prévenus du temps où j'étais moine à La-Pierre-Qui-Vire. C'est même la raison pour laquelle je m'y suis enfermé, au moment de mes vingt ans. Si je n'ai pas tenu le coup, c'est que la poussière s'est révoltée. Elle voulait vivre. Malgré tout. S'amuser, s'esclaffer, faire le jeune homme.

En tout cas, sur la maman de Maurice Pialat, tu as ton idée. Ton idée d'arbre. Dans le film, elle s'appelle Monique. Toi, simplement : Philippe. Et Nathalie Baye, Nathalie...

Le film est sorti en 1974. Giscard arrive et

tu t'en fous. Moi je commence à faire, comme on dit, de la politique. Ce n'est ni pire ni meilleur que le cinéma. C'est même un lointain cousinage.

A la fin, c'est plutôt Pialat qui a raison.

1993. Je suis nommé ministre de la Défense, il dit à Michel Piccoli : « Ils vont le tuer [1]. » Et, quelque temps plus tard, sur les estrades : « Moi, je suis ministre de la Défonce. J'échangerais bien un missile contre un pétard. »

Jeu de mots, jeu de mort, jeu de rôles, jeu de survie. Nous connaissions l'un et l'autre cette règle simple : il faut se raconter soi-même avant d'être raconté par d'autres. Il faut jouer son personnage jusqu'au bout lorsqu'on a décidé d'écrire sa propre histoire. Surtout ne pas donner prise à ceux qui veulent, à votre place, choisir de dire qui vous êtes.

Parfois ça ne marche pas. Il y a un moi qui s'échappe. On ne peut le rattraper. Il est aussitôt pris en otage. Vous n'y pouvez rien...

Toujours Piccoli : « Je me souviens du soir où il a quitté la scène. En pleine représentation. Il avait une élocution chaotique. Il est parti dans sa loge. J'ai été bouleversé. Que fallait-il faire ? Je suis allé le chercher. Il est revenu [1]. »

Cette situation, je la connais. La salle est là, tous les visages tournés vers la scène, une attente s'installe à laquelle je ne sais pas, je ne peux pas répondre. Elle est trop grande pour moi. Elle me dépasse. Ma réponse ne sera pas la bonne. La fuite est une hypothèse, une solution puisque ce rôle n'est pas le mien.

J'aimerais qu'un homme politique s'arrête ainsi sur le chemin de l'estrade, ou bien déserte son pupitre au milieu d'un discours. Il y aurait un long silence. Puis, il reviendrait pour réciter « Le bateau ivre ». Ou plutôt rien. Il dirait « Excusez-moi... Je n'y arrive plus... » Il y aurait dans sa tête des images de fleurs piétinées, des souvenirs de mots extravagants, le visage d'un ami mort, un océan qu'il aimerait retrouver, un silence surtout.

Il pourrait reprendre la parole, avant de partir sous les huées, et dire seulement : « Je ne peux pas vous cacher que je vais mourir. Et avec moi, la longue histoire des mensonges. Donc, laissez-moi... » Il y a des désertions qui sont des victoires.

Je comprends qu'un film ou un disque se mette à dérailler. Les images, les mots deviennent incompréhensibles, se chevauchent, se fragmentent.

Alors, vous pensez, un homme !

Nous avons tous déraillé un jour. Mais je crois qu'il faut aller plus loin : organiser le déraillement. Puis s'arrêter un instant. Simplement pour respirer. Simplement pour survivre.

1. Entretien du 11 décembre 2002.

Nous sommes à Cannes et c'est la guerre. De Fréjus à Cannes l'exil est modeste. La guerre aussi pour les enfants. Ils ne font pas vraiment la différence entre les Allemands qui occupent et les Américains qui bombardent. Les premiers nous donnaient des bonbons, paraît-il, croyant que nous étions abandonnés. Les seconds (mais on avait grandi...) du chewing-gum parce que nous étions libérés. Il se pourrait que je ne me sois jamais remis des bonbons allemands.

De ton enfance (la nôtre étant comme décalquée, reproduite) il reste des faits d'armes. Indocile, c'est peu dire. Tu étais en route vers un destin troublant. Oui, porteur de troubles. Je t'ai bien mordu une ou deux fois, mais je n'ai pas insisté. L'aventurier, le prédateur, c'était toi.

Tu étais le seul, dans la famille, à ne pas avoir peur des souris. Je ne sais pas comment tu faisais mais tu les attrapais avec une fourchette et tu allais les cacher dans le sac de notre nounou. Elle s'appelait Lili. Elle était basque, avait gardé des moutons dans son enfance. Maintenant elle gardait des loups. Des jeunes loups. C'est elle, plus que maman, qui a dirigé mes premiers pas. Mireille, la sœur aînée, était le vrai chef de famille. Papa était mobilisé, et le début de la guerre n'empêchait aucunement maman de faire de longs séjours chez le coiffeur pour attendre son retour.

En maternelle, à Sainte-Marie, tu faisais le baisemain à toutes les bonnes sœurs et, en même temps, tu leur soulevais la robe pour voir si elles avaient une culotte... Tu disais parfois que tu t'appelais Philippe Pétain...

Un dimanche, tu descends dans le garage et tu démontes le vélo familial (sans doute le seul...). Comme tu reviens plein de cambouis, notre sœur Marie-Hélène, la seconde dans la hiérarchie, enlève les taches en les découpant soigneusement avec des ciseaux...

Ce sont là des chroniques bien banales. La guerre, nous ne savions pas ce que c'était. Au début, juste un désordre qui devait nous convenir. Après ce fut plus désagréable : l'huile de foie de morue, les tickets de rationnement, les paroles à table un peu plus graves, le sentiment de ne rien comprendre.

Pendant l'été 1944, nous allons un peu plus loin vers l'intérieur. La Côte, entre Nice et Marseille, est souvent bombardée. Lili, croyant que ce sont des feux d'artifice, nous installait sur le balcon...

Nous sommes hébergés à Divonne, chez un certain M. Lambert. Tous les Français devaient s'appeler Lambert, à ce moment-là... Nous devenons tellement insupportables que maman trouve un jour sur sa table de nuit un manuel sur... « L'éducation des enfants »... Puis elle est priée de vider les lieux.

Ce sont ces petits cahots sur la route de l'enfance que Mireille a gardés en mémoire. Dominique, le troisième frère, vient d'arriver. Il est rond, souriant, plutôt calme. La guerre se termine, retour sur Paris. Nous habitons en face du Jockey Club (aucun souvenir...). Il paraît que tu tapes sans arrêt sur la vitre. Tu dois avoir cinq ans et tu t'impatientes en répétant inlassablement : « Je veux aller dans la boîte de nuit » !

Au lycée Charlemagne, il y avait le Soleil. C'était une fille, la seule. Au milieu de deux mille garçons. Philippe l'appelait « ô Hélios », en lettres grecques gravées sur la table de bois de sa classe. J'avais un an de moins et récupérais la table, l'année suivante. Je suivais ainsi ses traces amoureuses. Nous étions héliotropes, des tournesols de treize ans. C'était la fille du proviseur, je crois. Il fallait sans doute qu'elle soit pistonnée pour faire l'objet d'une telle convoitise. Lorsqu'elle était dans un coin de la cour, celle-ci basculait de son côté. Il y avait dans l'air des désirs inavoués. Si une lettre, une allusion, parfois simplement une confidence, franchissait les murs du lycée, parvenait mystérieusement jusqu'à papa, la réponse était immuable, brève, sans appel. « Passe ton bac d'abord »... Comme si notre Soleil, qui jouait peut-être encore à la poupée, était prête à épouser de jeunes vantards travaillés par la puberté...

Je me souviens, l'aumônier du lycée s'appelait Gaëtan. Philippe l'appelait « guet-apens ». Il courait vite et n'était pas économe de gifles. Le professeur de musique était une femme. Notre cruauté naturelle s'abattait sur elle avec une précision meurtrière : boules puantes, fusées en papier, projectiles de sarbacane, il y avait des vocations d'artilleurs. A vrai dire, la spécialité de Philippe était assez innovante. Elle était aussi plus douce. La dictée musicale étant une épreuve redoutée, il pénétrait dans la classe avant tout le monde, bourrait le piano de papier journal et créait ainsi au début du cours une insurrection fatale. Notre professeur abdiquait alors avec dignité. Après avoir disputé son territoire pas à pas, elle quittait la classe et quelques instants plus tard le père de Soleil, le proviseur, apparaissait derrière les carreaux, ombre menaçante et souveraine. Ces jeux stupides, nous les revendiquions entre nous, sous les voûtes du passage qui nous menait au métro Saint-Paul. Je dois reconnaître qu'ils font aujourd'hui monter quelques rougeurs au front des pères que nous sommes devenus...

Mais dans nos mémoires, le Soleil reste à son zénith. Les jeunes lycéens d'aujourd'hui qui pratiquent la mixité jusqu'à devenir misogynes, ne savent pas ce qu'est l'extrême bonheur de la rareté.

« La première femme de ma vie, elle m'a lâché au bout de neuf mois. » Il se penche, hausse les épaules. « C'est ma mère[1]*. »*

Je crois que tu as raison. Ce n'est jamais toi qui as quitté tes femmes. C'était déjà suffisamment difficile de les aimer. Alors elles sont parties toutes seules, comme ça, l'une après l'autre. Mais pour la mère, c'est différent. Elle était trop amoureuse. Pas tellement de nous ! Mais du père qui régnait sans partage et à distance sur la tribu. Nous avons tous tourné autour d'elle sans nous rendre compte qu'elle nous avait fabriqués pour lui faire plaisir à lui !

Après ça, lorsqu'on a commencé à comprendre, la psychanalyse ne servait plus à grand-chose. C'est pourquoi nous nous sommes analysés nous-mêmes, allongés sur le divan des foules incrédules.

« Dans les personnes qui ont changé ma vie, il n'y a pas un seul homme. Les deux trois

grands moments de ma vie où j'ai subi une mue, un accouchement, ont été faits en quelque sorte par une sage-femme, que ce soit Ariane Mnouchkine, qui m'a fait débuter au théâtre, Nathalie Baye ou Emmanuelle[2]. »

Je regrette que tu n'aies pas cité Mireille, notre grande sœur qui ressemblait à Juliette Gréco. Car c'est elle, je crois, qui a fait tout le boulot, pendant la guerre, pour te filer des tartes et subir la multitude de tes provocations. (Les miennes aussi d'ailleurs...)

Et puis les deux dernières, les jumelles, Brigitte et Nathalie, qui investirent la famille, en 1949, dans une irruption soudaine de tendresse et d'innocence. Et puis Marie-Hélène, simple et droite dans ses amours comme dans sa vie.

Enfin il y a Dominique au grand cœur, Léo numéro trois dans la fratrie, le roi débonnaire. A peu près ton contraire : calme, refusant l'injustice et la violence, silencieux, fuyant les excès, fort pendant quelques années de son statut de « petit dernier » et bénéficiant ainsi des indulgences parentales.

Mais aujourd'hui, bien après toutes ces naissances, ces jalousies, ces petites rivalités familiales, si tu crois que ça me fait plaisir de lire *ces titres imbéciles : « Enfin le vrai Léotard », il s'agit de toi, naturellement, ou bien « Le frère de l'autre », etc., eh bien tu te trompes et tu sais que tu te trompes. Parce que ça me fait de la peine que l'on ait essayé de dire du mal de nous. De toi contre moi. De nous tous contre nous tous. Alors, de là où tu es, de là où tu connais la vérité, il faut que tu nous donnes une sorte d'absolution, un grand pardon... Il faut que tu nous dises que tu nous as tous aimés et que ta façon de fuir c'était encore une façon de nous aimer.*

---

1. Propos rapportés par F. de Maulde, *Le Matin*, 26 décembre 1986.
2. *Marie-France*, « Paroles d'homme », mars 1993.

« Itinéraire d'un enfant gâté » ? Oui, sans doute. Gâté comme le sont certains fruits, parce que trop sucrés, trop bons. Ecrasés. Nos références, c'étaient les figues, les kakis, les grenades. Pour ces dernières, le mot provençal, c'est « miougrano ». On le retrouve dans Frédéric Mistral. Ce sont des fruits qui explosent. Philippe était dans cette dilatation de la chaleur.

Mon récit également se disperse. Je ne sais plus le contenir. Il va dans tous les sens et voici que maintenant l'enfance revient. Philippe allongé sur la plage comme on le voit sur une photo, l'œil interrogeant celui (ou celle) qui est en train de la prendre. Il doit avoir une quinzaine d'années. Image d'un jeune artiste au bord de l'eau. On doit être en 1954 ou 1955. C'était « la quatrième », dit-on aujourd'hui. Notre République numéro quatre. Y avait-il dans nos esprits Ramadier, Mollet, Bidault ? Des gens enfouis aujourd'hui, écrasés par le général de Gaulle, par les guerres, les dévaluations, l'oubli.

Est-ce Papa qui prend la photo ? C'est peu probable, mais enfin j'imagine. C'est quand même lui qui nous avait appris à nager. Il est à la tête d'une famille de sept enfants. Quatre filles, trois garçons, dans le désordre.

Pour le père, Philippe c'est à la fois le Fils et le Saint-Esprit. Chacun des trois morceaux de Dieu pourra dire ensuite, bien plus tard : « Pourquoi m'as-tu abandonné ? » C'est une question que nous nous posons tous, dans la famille : pourquoi nous sommes-nous ainsi abandonnés, quittés les uns les autres ?

Il y avait de la liberté dans cette tribu, un air du large. Il suffisait de mettre à la voile et on partait. On se retrouvait dans les déjeuners du dimanche. Ils étaient le lieu de la discorde à peu près générale sur l'avenir du monde, la biographie de Stendhal, les prêtres-ouvriers, l'éducation des filles, le communisme, etc.

Je me souviens de la mort de Beria, le super-flic de l'URSS, Beria - la Terreur. Papa en parlait avec une sorte d'horreur sacrée. L'Union soviétique était l'antichambre de l'enfer. Et en plus, c'était vrai ! Police politique, exécutions massives, procès fabriqués, déportations, le goulag était derrière la porte.

Et pourtant, sur les murs, lorsque nous allions au lycée, il y avait inscrit « Ridgway, go home » ! ! !

Ainsi des mondes différents coexistaient sans se rencontrer. Celui de Staline, celui des jeunes filles, celui de la maison et du catéchisme. Chacun de ces mondes était bien étanche, protégé des questions intempestives. Nous nous aidions seulement pour en garder les frontières.

Il fallait être impénétrable.

Ma mémoire est en désordre. Elle ressemble à ta loge, aux Amandiers. Tu devais te frayer un chemin du miroir jusqu'au canapé, traversant un monde hétéroclite d'objets-souvenirs [1]*.*

Je fais de même aujourd'hui. Je me faufile du petit garçon au chanteur hirsute, trempé de sueur et de doute. J'hésite sur une date, je téléphone à Nathalie Baye, je rencontre Clara, Chéreau me parle de toi, Boisset se souvient d'événements que je n'ai pas connus, Emmanuelle m'écrit.

Comment faire le tri ? Policier d'occasion, inspecteur des moments enfouis, j'accumule les preuves de ton existence et surtout de ton innocence. Oui, tu as vécu cette seconde moitié du XX*e* *siècle, c'est indubitable. Tous les journaux le disent, les femmes se souviennent. Mais je n'arrive pas à reconstruire exactement ton chemin.*

Enquêteur plus que biographe, j'oublie des films, des chansons, des témoignages. Tu as tellement écrit ta vie, tu as tellement raconté d'histoires (Papa, commissaire de police à Marseille, quelle blague !), tu t'es fabriqué une ombre tenace, une ombre qui n'avait pas besoin du soleil, et dès lors on ne peut que suivre cette ombre-là. Elle n'est pas vraiment la tienne. Elle te prolonge, s'échappe, se colle contre la vitre à travers laquelle nous tentons de t'apercevoir.

Tant pis pour ceux qui t'ont rêvé autrement que tu n'étais. Robert Mitchum ? Un peu sans doute. Marlon Brando ? Celui de ses derniers films, empâté et malade. Belmondo ? Pas vraiment. Mais tu sautes par la fenêtre, dans La Balance, *avec une telle aisance... et en caleçon, s'il te plaît ! Gainsbourg ? Oui, certainement, dans « Elisa », lorsque tu chantes et que ta voix traverse difficilement la fumée de ta cigarette. En tout cas, flic paumé dans* Black Ju, *mari-amant dans* Ni avec toi, ni sans toi, *conducteur d'engins dans* L'Empreinte des géants, *journaliste dans* Judith Therpauve, *trafiquant de drogue dans* French Connection II, *etc.*

Tu vois, mon enquête devient chaotique parce que je m'essouffle. Je cherche un de tes personnages et je tombe sur un autre. Je te regarde rire et tu te mets à pleurer. Je te poursuis en déménageur ou en bûcheron, et tu parles de ton âme féminine...

Je vais te dire : c'est beau un homme qui s'échappe. Il faut que tu écrives d'urgence un éloge de la fuite. Rien ne ressemble plus à un brave type qu'un prisonnier qui cultive l'évasion comme l'un des beaux-arts. Tu mérites, je t'assure, de ressembler à un brave type. Si tu as pris la décision de t'échapper définitivement, je reconnais que ce n'est pas plus mal. Maman le disait bien : « Tu ne tiens pas en place... » ou alors : « La maison ne te tombera pas sur la tête... » Phrases de mère. Réponses de fils. Maintenant que tu as retrouvé tes parents, tu peux leur parler de ton bonheur d'avoir vécu. Ça les rassurera.

---

1. « La loge du théâtre des Amandiers était devenue un vrai capharnaüm, l'équivalent d'un moulin à eau de complications, de bouts de ficelle, de punaises, de photos. On ne pouvait plus y entrer. Ça a été au point que même les gendarmes ont voulu la voir... » (JLM, p. 120).

Un jour nous sommes allés au bal avec des bœufs. Oui, je dis bien : des bœufs. C'est très lent, un bœuf, aurait dit Mac-Mahon. Mon souvenir aussi est lent, paisible. Il y avait environ une dizaine de kilomètres entre le hameau de Brenon où nous passions les vacances, aux limites de la Haute-Provence, et le bourg – à peine plus grand – où se tenait le bal.

Nous étions perchés sur une sorte de plateau qui servait pour le foin, les travaux agricoles. Il fallait se tenir, dans les tournants, les uns aux autres. Ce n'était pas vraiment difficile puisque étaient montées avec nous trois filles de l'Assistance publique qui travaillaient à la ferme. Il ne s'est pas accroché à ses frères, Philippe... Il avait pris la plus belle : une costaude aux joues bien rouges. Les autres, toute la tribu, nous avions les pieds ballants, de chaque côté de la ridelle, nous regardions défiler les ronces, les coquelicots, dans le bourdonnement de mouches énormes. Le soleil tapait dur. Il y avait quelques chapeaux. De temps en temps, une espadrille tombait sur le chemin. Il fallait courir la ramasser. A douze, quinze, seize ans, sur ce plateau, tout le monde était vierge. Les filles peut-être pas... Allez savoir... Mais nous, les garçons, c'était sûr. Trois puceaux dans les années cinquante sur un chemin de Provence... surveillés par leurs sœurs, attendus au tournant, ce n'est pas très tendance... Mais si cette image m'est restée, dans sa lumière, dans sa présence chaude et familière, c'est que ce jour-là, jour de premier bal, j'ai compris que je ne saurais jamais danser.

Philippe a débarqué le premier. Il a sauté sur la place, s'en est emparé. Il y avait de la poussière, des cris, les gens s'interpellaient, les vieux étaient assis à l'ombre. Ils continuaient à attendre.

Et puis Philippe et la fille, une Marie, je crois, se sont mis à danser. J'ai mesuré alors combien nous étions différents. Il était souple, instinctif, charmeur. Il se moquait de tout le monde, inventait des pas de danse, chuchotait, riait, caressait, ne s'appliquait à rien qu'à son bonheur. Je suis resté sous un porche, écrasé par ma timidité.

Des années après, dans le même village, on en parlait encore.

Tu dis « les femmes m'ont sauvé la vie ». Je crois que c'est juste. Comme pour chacun d'entre nous, les garçons. C'est leur métier de sauver la vie. Elles savent faire.

La vérité c'est qu'elles ont protégé du drame, chacune, un morceau de ta vie.

Tiens : prenons Emmanuelle. C'est après un tournage. Elle est là, limpide, dans la nuit. Son calme, ses yeux, sa pudeur te fascinent. Pendant des mois tu ne la reverras pas. Tu tâtonnes, tu cherches, tu as tout perdu. Et puis il y a France-Inter. Un interview (masculin ou féminin, l'interview ?). Tu dis : je cherche cette jeune femme (je crois qu'elle n'a pas vingt ans...). Tu dis : je l'aime, elle a disparu. Comment faire pour la retrouver ?

C'est un peu comme en 1959, après la catastrophe du barrage, à Fréjus. Tu racontes. Une jeune fille que tu aimais, dans les décombres, sous la boue... Un jour dans ton récit elle s'appelle Danièle... Une autre fois Françoise. Qu'importe ! La femme disparue c'est toujours une Atlantide. Elles s'engloutissent...

Donc Emmanuelle. Tu lances un appel à la radio. Tu décris le lieu où tu l'as rencontrée, son apparition, ton désespoir de l'avoir laissée s'échapper.

A la frontière espagnole (je crois), le miracle te tombe dessus. Ce sont des terres, par là-bas, où ça marche encore, les miracles. France-Inter aussi ça fonctionne. Des amis d'Emmanuelle entendent ton appel, s'émeuvent de ton désarroi et l'on retrouve Emmanuelle. L'histoire d'amour peut continuer...

Elle sera belle cette histoire, puisqu'un enfant s'en échappe, une petite fille : Faustine. Tu le dis partout : tu es heureux. Ces deux femmes, la mère et l'enfant, c'est peut-être un moyen de reconstruire – vingt ans plus tard –, une ébauche de famille. C'est comme pour la peinture, le roman : le début, il faut toujours le recommencer... C'est par le début que nous sommes maladroits.

Bien sûr, à la fin, Emmanuelle partira. Re-désespoir. Ici Paris, France-Dimanche... *aiment ces quais de gare où l'on se dit adieu, après avoir fait un beau voyage. Tu pleures, tu protestes, mais c'est ainsi : tu es aussi le grand spécialiste des ruptures. Enfin, de celles qui te sont imposées. Ce n'est jamais toi qui claques la porte. C'est normal, tu n'as jamais aimé les portes. Ni les cloisons, ni les barrières : rien de ce qui sépare. Et puis un jour, à Agadir, tu sautes au-delà de la scène : tu n'auras jamais fait la différence entre un spectateur et un comédien. Il n'y avait aucune porte entre les deux.*

Black Ju, c'est à mes yeux son meilleur film. Je ne vais pas raconter l'histoire ! Au cinéma, il faut toujours choisir les images... Elles ne se racontent pas.

Le réalisateur est un géant bourru, jovial, et fin comme un oiseau migrateur.

Philippe l'appelle « crotte de nez ». Son vrai nom c'est Pol Cruchten.

Le tournage se passe au Luxembourg. Il fait froid, il pleut, il neige et dans la salle on grelotte... Et pourtant les premières images viennent du Cap-Vert... La chaleur entoure Cesare Evora (ce serait, dit-on, son seul passage au cinéma...) et un fils qui s'en va. Lumière brève sur le départ d'un émigré vers le froid. Là-bas, au Luxembourg, il deviendra un immigré à la recherche de son père.

Philippe, policier déglingué, marche au whisky. C'est un commissaire qui ne sait pas très bien justifier son métier lorsqu'il faut faire la chasse aux étrangers.

Entre le traqueur de père et le pilier de bistrot l'indifférence devient une sorte d'amitié. Il fait trop froid pour que s'accumule en plus, comme la neige, le désespoir.

On retrouve le père, vieux nègre au beau visage de marabout. Il retourne au pays. Il y a des autobus, comme ça, qui partent vers des destinations insoupçonnées. Puis le train, puis le bateau... On devine, dans les visages de *Black Ju*, ces itinéraires du déracinement.

Je dis que c'est son meilleur film parce qu'il parvient, là, Philippe, à une humanité qu'il a, toute sa vie, cherché à conquérir. On le voyait venir dans *Tchao Pantin*, ce flic. Désabusé, sceptique. Interrogateur, parce que l'interrogation, c'est une profession. On sait que ça ne sert à rien, que la vérité est toujours à côté, ailleurs, mais il faut bien faire son métier, tenter de découvrir ce qu'il y a au fond des gens. Parfois on apprend des choses sur soi-même...

Film très peu diffusé en France! Film sur l'Europe froide que des hommes traversent, au fond de laquelle ils s'égarent, déchirant leur mémoire pour une identité qui ne sera pas la leur. Aucun esthétisme dans la démarche de Philippe, commissaire de police. Les cassettes qu'il écoute dans sa vieille voiture glacée, ce sont celles qu'il a toujours écoutées tout au long de sa vie (Chat Baker, Coltrane...). Le regard qui ne regarde plus rien, le corps qui s'appuie au comptoir, l'imperméable, tout cela est à lui. C'est une accumulation, un tas de cailloux sur lequel on a dressé une croix.

C'est aussi son dernier film. A quoi bon continuer puisque tous les bars se ressemblent et que c'est le seul endroit qui fait penser à la mer, au départ, à la blessure d'un quai [1].

---

1. « Je vous dis : " adieu " / comme on dit : " salut "! / comme on dit : " ça va "! / parce que ça n'a pas d'importance... / comme on dit : / " laissez-moi en paix dans la tempête " / comme dirait Pouchkine » (PANR, p. 66, Poème dédié à Claude Lelouch).

Tu as eu raison, à la fin de ton livre [1], *de remercier la Closerie des Lilas et les Bains-Douches... Tu aurais pu le faire aussi pour le Harry's Bar, pour toutes les boîtes qui étaient les étapes de tes nuits. A la Closerie, je ne sais pas ce qu'est devenu le piano, je ne sais pas si les tables sur lesquelles tu es monté ont résisté à ton envahissement. Mais je vais faire, à ta place, les gratitudes d'usage...*

J'ai cité Lelouch. Il faut y ajouter Yves Boisset, Pol Cruchten, François Truffaut, Patrice Chéreau, Claude Berri.

Il faut faire une révérence amicale et musicale au trio qui a parrainé tes premières fausses notes : Pierre Barouh, Jacques Dutronc, Philippe Servain.

Meilleure actrice : Nathalie Baye. Orchestre : Poumon d'acier. Script-girl : Clara.

Jc sais que tout cela ressemble à un générique. Un de ceux qui, à la fin des bons films, retiennent les spectateurs sur leurs fauteuils (généralement, avec une larme à l'œil...).

Comme directeur de la production, il doit y avoir Emmanuelle. Comme ingénieur du son : Coltrane ou Thelonious Monk. Dans le rôle du meilleur acteur : Piccoli. La mise en scène est d'Ariane Mnouchkine. Le scénario : Claude Sautet et Jacques Doillon. Les dialogues sont de Michel Desgranges.

A la fin du générique, il y a une phrase qui reste sur l'écran. Très longuement :

« Il n'y a pas beaucoup de différences entre la vie et le cinéma. Au cinéma on ne sort pas du cadre, alors que dans un bistrot on déborde parfois[2]*. »*

---

1. PANR, p. 176.
2. JLM, p. 135.

C'est peut-être à ce moment-là que ça s'est passé. Au théâtre romain de Fréjus, avec ce zon, zon, zon...

On est au début des années soixante. Je me souviens des noms : Rosy Varte, Maria Mauban, Daniel Sorano. Et Jean Deschamps amoureux de notre sœur Mireille. Il lui donne rendez-vous, le soir, près du théâtre.

C'est *Le Mariage de Figaro.* J'ai prêté ma guitare pour que Figaro puisse faire semblant de jouer. Nous sommes figurants. Il y a quelques copains de passage. Ils n'ont jamais mis les pieds sur une scène, pas plus que nous d'ailleurs. Nous, les trois frères Léotard.

Il faut tourner, en chantant, autour de vrais comédiens. J'ai gardé en mémoire la chanson :

« Je préfère à richesse
« la sagesse

« de ma Suzon, zon, zon, zon...
« Aussi sa gentillesse
« Est maîtresse
« De ma raison, zon, zon, zon... »

Ce zon, zon, zon tourne encore dans ma tête comme une comptine qui s'échappe d'une cour d'école.

Philippe est là, souple, vivant, heureux; les filles sont plus belles les unes que les autres. Il y a un jeune Allemand avec moi qui apprend, dans la famille, le français. Tout ce petit monde répète chaque après-midi et célèbre Beaumarchais dans la chaleur du mois d'août. Le bonheur donne le tournis...

Je suis sûr maintenant que c'est à ce moment-là que ça s'est passé. Je veux dire : sa fuite, son débordement, l'ivresse de continuer à jouer au-delà des vacances, le rêve de partir, un jour, sur la route avec des comédiens...

C'est cette pièce que je suis allé chercher si longtemps dans ma mémoire : les mots qui ont mis en mouvement tout le tumulte d'un frère.

Je me suis rendu à la bibliothèque municipale. J'ai remonté le cours de ces quarante années. Je pensais aux saumons qui se jettent en travers de l'eau, qui se battent pour échapper à la force ininterrompue du courant.

J'espérais trouver des traces de cette représentation. Il n'y avait rien. La chanson s'était évanouie. Les témoins avaient disparu. Je suis allé un peu plus loin dans le temps, jusqu'en 1962. A ce moment-là, Philippe avait vingt-deux ans, moi vingt. Les accords d'Evian venaient d'être signés.

J'ai retrouvé le numéro 2 du bulletin municipal. Sur la couverture, la photo d'un bâtiment « moderne ». Simple, rigide, affreux. C'est le centre administratif, nous dit la légende. Il existe toujours.

Sur la place, devant les platanes, il y a quelques voitures. Une Simca, une Peugeot 203, une 2 CV, une voiture à l'allure américaine. Je crois qu'on l'appelait, à l'époque, une Versailles.

A l'intérieur du bulletin, une publicité . « Blanchisserie Gallieni-Service spécial - Lavage au poids - Route de Saint-Raphaël ». Et, en dessous, un article signé P.L.

C'était la mort de Daniel Sorano.

CEUX QUI AIMENT LES DIEUX

« Ceux qui aiment les dieux meurent jeunes. »
MENANDRE.

Daniel Sorano est mort. L'homme aux multiples vies, aux milliers de gestes, repose sans souffle et sans mouvement dans un coin de cette Provence qu'il aimait et à qui il a tant donné.

Il doit y avoir une fatalité, un destin inéluctable pour ces êtres au « cœur innombrable », comme s'ils avaient trop demandé à la vie, comme s'ils lui avaient trop offert.

Sans doute, si la vie s'évalue en intensité, il aura plus vécu que nous tous ; mais est-ce une consolation de comprendre que les dieux rappellent très tôt dans leur pays sans théâtre ces hommes trop vivants ? Molière, Gérard Philipe, Daniel Sorano ; la mort de l'acteur doit être chargée d'une signification profonde qui ne rend que plus lourde la douleur qui nous a si brutalement saisis.

Tous les soirs, il jouait avec une vie. Tous les soirs, les feux éteints, une mort le guettait. Il était né, pour beaucoup d'entre nous, au Théâtre Romain — avec le Théâtre Romain — auquel il avait donné le meilleur de sa vie, comme nous, spectateurs, y avions apporté le plus vrai de notre cœur : l'amour. Que ce soit vers ce lieu de communion qu'a traversé trop brièvement sa lumière, que s'élève notre voix, vers ce Théâtre où toujours des hommes vivront et mourront comme il l'a fait, et qui nous sera plus cher en souvenir de lui.

A nous, spectateurs, qui l'avons applaudi, Fréjussiens qui l'avons aimé, ne reste que de nous joindre à l'hommage que lui rendent chaque soir, quelque part dans le monde, Cyrano, Scapin, Figaro, Sganarelle.

P. L.

Un jour tu es venu me voir avec un grand bâton au bout duquel était taillée une tête d'Indien, les mains ouvertes en signe de paix.

Tu avais trouvé cela en Amazonie, je crois. J'ai placé l'Indien au-dessus de ma porte, près des oliviers. Il protège – j'en suis certain – la lente éclosion des fleurs, la naissance des fruits qui vont donner l'huile.

Tu croyais aux gris-gris, aux fétiches. Comme ta vie ne l'était pas vraiment il n'y avait aucune raison, pour toi, que le monde fût rationnel. Il l'était d'ailleurs assez peu...

Les Incas et leurs drogues, les Noirs et leurs amulettes, te semblaient des peuples plus intéressants que ceux d'Occident. Ils vivaient dans un monde sacré, et ils étaient pour toi, c'est le cas de le dire, de bon augure.

Je n'ai pas trouvé de talisman plus fraternel que cet Indien énigmatique. Lorsque le soir vient, je le regarde, immobile, face au monde absurde que nous avons créé.

Il me dit : Où sont vos rivières, vos oiseaux, la banquise, les fleurs sauvages ? Il sait que tu es à côté de lui pour partager son étonnement. Il craint que nous ne soyons plus totalement vivants. Il pense que nous avons peur de la mort.

Je passerai par l'Indien, désormais, pour converser avec toi. Tu comprenais son langage[1]*. Il transmettra mes requêtes, mes reproches. Il n'aura pas besoin, pour cela, des écrans d'Internet. Le silence est en lui, comme il est maintenant à l'intérieur de toi.*

C'est avec ce silence que nous allons survivre.

---

1. « Je suis fait de feuilles. / J'ai faim de vent. / Si j'en avais le cœur, / Je serais du sexe des chênes, / Avec la longue douleur du temps dans les branches » (PANR, p. 161).

85

Nous ne sommes pas très nombreux en cette fin du mois d'août au cimetière Montparnasse. Une petite tribu amochée, réunie pour un anniversaire.

Emmanuelle est là. Elle sait ce qu'il voulait : Montparnasse d'abord, parce que c'est la vraie patrie des artistes et parce qu'il aimait la Coupole. Un olivier ensuite, une façon de dire : « Paix à vous autres, moi qui ne sais pas ce qu'est la paix. » Et puis une petite jarre qui résume – c'est le moins qu'on puisse dire – une vie en expansion.

Mes deux sœurs, mon frère, moi : on fait vite le calcul, même si on s'en défend. Il en reste quatre sur sept... Les familles se détruisent comme les tissus, comme les forêts. C'est imperceptible, simplement la douce et lente action du temps.

Un employé scelle la grande dalle grise. Je suis fasciné par sa dextérité. La truelle glisse sur le ciment, égalise, peaufine.

Que veut-on enfermer au juste ? Qu'est-ce qu'il faut cacher avec la mort ? Qu'y a-t-il LÀ-DESSOUS ?

Je sais que je ne reviendrai pas à cet endroit. En tout cas, vivant. Il n'y a plus rien, ici. Mes souvenirs sont ailleurs : dans les pierres chaudes du théâtre romain, à Fréjus, dans la douceur du sable, sur la plage. Ils sont dans ses coups de poing, lorsque nous nous battions, dans la vision somptueuse de son chapeau, posé un peu en arrière, comme s'il était sur la tête de ceux qu'on appelait, au lycée, des crâneurs.

Ce matin-là, les rescapés font le gros dos. Ils parlent entre eux. Il n'y a ni ministre ni photographe. Seulement l'immobilité du temps qui nous entoure, avec tous ces allongés en attente d'un rire, d'un clin d'œil.

Il n'aurait pas aimé notre déconfiture. Il serait allé boire un coup au café, un peu plus loin, au bout de la rue. En attendant que la vie reprenne et que la nuit, la nuit immense de Paris, l'accueille.

D'ailleurs, il s'en fout de ce recueillement. Il avait écrit un poème [1] dédié à Roger Vadim : « Epitaphe » :

JUSQU'ICI
J'AI RÉUSSI
À NE PAS FAIRE
COMME TOUT LE MONDE
MAIS LÀ :
JE RENONCE

P.-S. EXCUSEZ LES CENDRES

1. PANR, p. 168.

Cet ouvrage a été composé et imprimé par

FIRMIN DIDOT

GROUPE CPI

Mesnil-sur-l'Estrée
pour le compte des Éditions Grasset
en juin 2003

Imprimé en France
Première édition, dépôt légal : mai 2003
Nouveau tirage, dépôt légal : juin 2003
N° d'édition : 12883 – N° d'impression : 64342
ISBN : 2-246-64401-1